青少年心理自助文库
励志丛书

恩 师

蜡炬成灰泪始干

谢 普/著

> 不管一个人取得多么值得骄傲的成绩，
> 都应该饮水思源，应当记住自己的老师
> 为自己的成长播下最初的种子。

中国出版集团 现代出版社

图书在版编目（CIP）数据

恩师:蜡炬成灰泪始干／谢普著. —北京：现代出版社，2013.11
(2021.3 重印)

（青少年心理自助文库）

ISBN 978-7-5143-1955-2

Ⅰ.①恩…　Ⅱ.①谢…　Ⅲ.①品德教育－青年读物
②品德教育－少年读物　Ⅳ.①D432.62

中国版本图书馆 CIP 数据核字（2013）第 275997 号

作　　者	谢　普
责任编辑	刘宝明
出版发行	现代出版社
通讯地址	北京市安定门外安华里 504 号
邮政编码	100011
电　　话	010－64267325 64245264（传真）
网　　址	www.1980xd.com
电子邮箱	xiandai@cnpitc.com.cn
印　　刷	河北飞鸿印刷有限责任公司
开　　本	710mm×1000mm　1/16
印　　张	12
版　　次	2013 年 11 月第 1 版　2021 年 3 月第 3 次印刷
书　　号	ISBN 978-7-5143-1955-2
定　　价	39.80 元

为什么当今的青少年拥有丰富的物质生活却依然不感到幸福、不感到快乐？怎样才能彻底摆脱日复一日地身心疲惫？怎样才能活得更真实更快乐？越是在喧嚣和困惑的环境中无所适从，我们越觉得快乐和宁静是何等的难能可贵。其实"心安处即自由乡"，善于调节内心是一种拯救自我的能力。当我们能够对自我有清醒的认识，对他人能宽容友善，对生活无限热爱的时候，一个拥有强大的心灵力量的你将会更加自信而乐观地面对一切。

青少年是国家的未来和希望。对于青少年的心理健康教育，直接关系到其未来能否健康成长，承担建设和谐社会的重任。作为学校、社会、家庭，不仅要重视文化专业知识的教育，还要注重培养青少年健康的心态和良好的心理素质，从改进教育方法上来真正关心、爱护和尊重青少年。如何正确引导青少年走向健康的心理状态，是家庭，学校和社会的共同责任。心理自助能够帮助青少年解决心理问题、获得自我成长，最重要之处在于它能够激发青少年自觉进行自我探索的精神取向。自我探索是对自身的心理状态、思维方式、情绪反应和性格能力等方面的深入觉察。很多科学研究发现，这种觉察和了解本身对于心理问题就具有治疗的作用。此外，通过自我探索，青少年能够看到自己的问题所在，明确在哪些方面需要改善，从而"对症下药"。

如果说血脉是人的生理生命支持系统的话，那么人脉则是人的社会生命支持系统。常言道"一个篱笆三个桩，一个好汉三个帮"，"一人成木，二人成林，三人成森林"，都是这样说，要想做成大事，必定要有做成大事的人脉网络和人脉支持系统。我们的祖先创造了"人"这个字，可以说是世界上最伟大的发明，是对人类最杰出的贡献。一撇一捺两个独立的个体，相互支撑、相互依存、相互帮助，构成了一个大写的"人"，"人"字的象形构成，完美地诠释了人的生命意义所在。

人在这个社会上都具有社会性和群体性，"物以类聚，人以群分"就是最好的诠释。每个人都生活在这个世界上，没有人能够独立于世界之外，因此，人自打生下来，身后就有着一张无形的、属于自己的人脉关系网，而随着年龄的增长，这张网也不断地变化着，并且时时刻刻都在发生着变化：一出生，我们身边有亲戚，这就有了家族里面的关系网；一上学，学校里面的纯洁友情，师生情，这样也有了师生之间的关系；参加工作了，有了同事，有了老板，这样也就有产生了单位里的人际关系；除了这些关系之外，还有很多关系：社会上的朋友，一起合作的伙伴……

很多人很多时候觉得自己身边没有朋友，觉得自己势单力薄，还有在最需要帮助的时候，孤立无援，身边没有得力的朋友来搭救自己。这就是没有好好地利用身边的人脉关系。只要你学会了怎么去处理身边的人脉关系，你就会如鱼得水，活得潇洒。

本丛书从心理问题的普遍性着手，分别论述了性格、情绪、压力、意志、人际交往、异常行为等方面容易出现的一些心理问题，并提出了具体实用的应对策略，以帮助青少年读者驱散心灵阴霾，科学调适身心，实现心理自助。

本丛书是你化解烦恼的心灵修养课，可以给你增加快乐的心理自助术。会让你认识到：掌控心理，方能掌控世界；改变自己，才能改变一切。只有实现积极的心理自助，才能收获快乐的人生。

C目录
ONTENTS

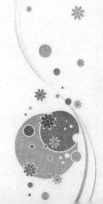

恩师——蜡炬成灰泪始干

2

第六篇　仁爱的课堂

目

录

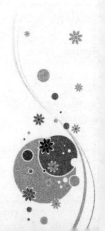

第一篇　感恩师情

　　"师者,传道授业解惑也。"老师,带我们走进知识的殿堂,领略人类的智慧之光;老师,为我们插上飞翔的翅膀,让我们摆脱无知放飞梦想;老师,为人师表,给我们树立起做人的榜样。师恩难忘,是老师给了我们打开知识宝库的钥匙,照亮了我们的人生之路,让我们的生命绽放出属于自己的光芒。

　　在每个人的一生中,都注定要有许许多多的老师,有的是给你启蒙的恩师,有的是为你授业的恩师,甚至是一字之师,一理之师。对于我们的成长来说,老师是文化知识的传播者,带领我们在知识的海洋中遨游。

人生的启蒙者

如果黑板是浩瀚的大海，那么老师就是海上的水手，教鞭就是他的桨，划动那只停泊在港口的小船。他的手势生动优美，如一只振翅翱翔的雄鹰，在辽阔的天宇边划出一条漂亮的弧线。

一支粉笔，三尺讲台，留下的永远是他们含辛茹苦的身影。滴滴汗水，点点心血，印在老师脸上的始终是呕心企盼的神情。一个人一生之中最大的幸福不是过着纸醉金迷的生活，不是和爱人耳鬓厮磨，醉卧温柔之乡，而是遇到一个知识渊博、品行高尚的老师。

鲁迅遇到了藤野先生，魏巍不能忘怀蔡芸芝老师，达·芬奇更加感谢教他画鸡蛋的弗罗基俄。也许三毛是不幸的，初二时，数学老师的体罚让她走上了休学的道路。但许多年后，三毛说："一直到现在，我的数学老师都是改变我命运的人，我十分地感激他，要不是当年他的体罚，我不会走上今天的路。"说这番话时，她已经经历了世事沧桑、人海沉浮，显得冷静而达观。

老师是先活在学生们的眼睛里，而后才活在学生们的心里的。要把学生们目光之中的怀疑、猜测、挑剔变成心目中的信任、尊敬和爱戴，并不是一件轻松的事情。"传道，授业，解惑"包含着多少的苦涩和艰辛啊！

或许有一天，他教给我们的知识已随着时光的流逝而被淡化了，但是他的人格魅力在我们心中却是永恒。**当我们在心灵一隅为老师开辟出一片圣洁的园地时，我们又有了一个新的人生偶像。**

师者，如夕阳，伟大而正直，光明磊落，襟怀坦荡，它不因转瞬即逝而沮丧，更不要求人们的回报。残阳，最能说明对大地的痴情，而老师是否总是徜徉在霜笼月罩的林间，驻足眺望，目光沉静而悠远？迟暮之年，仍以一样的激情培育国之栋梁，不居功自傲，不养尊处优，心中永远升起不老的太阳。正如一位老师说的那样："人就应该像蜡烛一样，从头到脚都是光明的。"我们似乎看到了克拉玛依大火中 36 名亡灵的心在跳跃。老师总是用真诚的热情去感化冰冻的心灵，他们也有无奈的时候，但耕耘的时钟不会因此而停摆，哪怕看不到生命绽放一丝光彩！

从咿呀学语的孩童到蒙学初开的小学生，从求知若渴的少年到展翅高飞的成人，从门外汉到专才，从人类的结绳记事到今天的信息时代，老师的作用时时刻刻贯穿其中。社会的发展靠教育，教育的发展靠老师。老师的默默付出换来了人类文明的勃勃生机。老师的爱，无私中透露着平凡：像一股暖流，渗入我们的心田；像一声呼唤，帮助我们落寞的心灵找到回家的路；像一阵春风，带给我们清爽和温馨。**我们的老师，没有华丽的舞台，没有簇拥的鲜花。一支支粉笔，是他们耕耘的犁头，三尺讲台，是他们奉献的战场。**

心灵悄悄话
XIN LING QIAO QIAO HUA

老师是我们人生路上的启蒙者，像路灯，像航标，像杉树，给我们以光亮，以方向，给倒伏的人以灵魂的支撑……

恩师的教导

在每个人的一生中，都注定要有许许多多的老师，有的是给你启蒙的恩师，有的是为你授业的恩师，甚至是一字之师，一理之师。正是他们，让我们走出困惑，学会了为人的道理。对于我们的成长来说，老师是文化知识的传播者，带领我们在知识的海洋中遨游。

对于我们的成功而言，老师是我们成长路上的领路人，他教导我们如何做人，如何做事，如何选择，帮我们把握正确的人生航向，让我们最终走向成功。

美国有一位叫里基·亨利的棒球运动员，他在上高中时就有一个梦想——做一名优秀的体育运动员。他在 16 岁那年棒球就已经打得非常出色了。当时，他的高中教练奥利·贾维斯对他充满信心，不仅认真教他棒球技艺，还教他如何对自己充满信心。

高中三年级的那个夏天，里基·亨利的理想动摇了。他家里还有六个兄弟、三个姐妹，有的也正在上学，家庭经济状况有些困难。为了帮助家里减轻负担，他想离开棒球场找一份临时工作。在朋友的推荐下，他准备去打一份零工。对他来说，有了这份工作，他不仅可以买一辆自行车，也可以添置一些新衣服，还可以存一笔钱补贴家用。想着这份工作诱人的前景，他想立即接受这个难得的机会。

但是，当他鼓足勇气把这个想法告诉给奥利·贾维斯教练时，奥利·贾维斯教练非常生气。他盯着里基·亨利，厉声说道："你将有一生的时间来工作，但你能够参加比赛的日子能有几天？那是非常有限

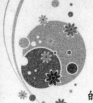
的！你浪费不起啊！"

他低下头，绞尽脑汁地想办法，看如何向教练解释自己想有钱，想给妈妈买房子的打算，但不知道怎样面对教练失望的眼神。

"你想要去干的这份工作能挣多少钱？"

"一小时3.25美元。"他不敢抬起头来，小声答道。

"啊？难道一个梦想的价格就只值一小时3.25美元吗？"

随后，奥利·贾维斯教练极其耐心地帮里基·亨利分析了打零工和棒球训练的前景，向里基·亨利揭示了注重眼前得失与树立长远目标之间的巨大不同。最后，里基·亨利终于明白了其中的道理，全身心地投入到训练之中。

在那一年，里基·亨利被美国西南部匹兹堡市的派尔吉特棒球队选中，并且一次签订了两万美元的协议。此外，里基·亨利还获得了亚利桑那大学的橄榄球奖学金，获得了大学教育。后来，里基·亨利在两次民众选举中当选为"全美橄榄球后卫"，在美国国家橄榄球联盟队队员第一轮选拔赛中名列第七。1984年，里基·亨利与野马队签订了170万美元的协议，终于圆了为妈妈买一所房子的梦想。

不妨设想一下，假如里基·亨利当初没有听从教练的劝告，未能接受恩师的教导，放弃棒球训练而去打零工，他的命运将会怎样？他能够在很短的时间内实现自己的梦想吗？答案很显然！

人生道路上的岔口太多太多，只是我们不一定有机会像里基·亨利那样能面对面地聆听恩师的指点，但我们所有的选择无不包含着恩师的辛勤劳动。

在贵州省的大山深处，有一所很小的小学。学生们上学都必须经过学校下游的一座小桥。这是一座用石头砌成的小桥。一位年轻的教师，为了护送学生过桥，在这里画上了生命的句号。

连续下了两天两夜的大雨让河水暴涨，水漫过了小桥。为了安全，村里人用绳子系在河的两岸，让过桥的人顺着绳子通过石桥。放学的路上。一位姓田的老师担负着护送孩子们回家的任务。田老师帮助大部分同学平安地过了小桥，就在护送最后一批学生过桥时，危险发生了：一声惊雷让走在最前面的一位女同学忽然放开了绳，一个趔趄之后。这位女同学掉入洪水中被冲走了。田老师紧急安抚好桥上的同学之后，毅然跃入河水，经过几次拼命抢救，女孩得救了，但筋疲力尽的田老师却被洪水卷走了。两天之后，人们在小河下游十几里处打捞出了她的尸体。

她用自己柔弱的肩膀扛起了老师的责任，她用自己的青春换回了学生的生命。她是这位同学的恩师，也是我们大家的恩师！

很多老教师在提到自己有所成就的学生时，总是津津乐道，那种喜悦和满足感，绝对胜过对自己子女有所成就时的兴奋。很多老师把自己无法实现的理想和愿望嫁接给一批批学生，让他们了却了自己的遗憾。很多老师把毕生心血献给了学生，却忘了自己的子女，这种无私的奉献精神捍卫了天底下最神圣的职业！

有一位叫马付才的同学，他因为一场车祸而成了残疾，走路老是一瘸一拐的。慢慢地，他开始自卑起来。由于怕同学们笑话，他从此不再上体育课。但后来的一位姓杨的老师让他从自卑的阴影中走了出来。

一次体育课上，杨老师听了他一贯的理由之后，一字一顿地说："你和我们一起做广播体操总可以吧？"看着老师征求的眼光，这位同学终于点点头，同意了。可就在一套广播体操之后，老师又安排了跳高训练。同学们一个一个都跳了过去，马付才的名字被叫响了。面对第二次喊叫，他气愤地说："不行！你明知道我这个样子，为什么还要让我跳呢？我跳不了！"

"你看看这高度！你一定能跳过去的！为什么老是把自己当成一个残疾人、窝囊废呢？"杨老师激励着他。

杨老师话音刚落，马付才疯了一般的向跳杆冲去，并顺利地跳过了

跳杆。之后，在杨老师的特意安排下，这位同学一次又一次地跳过了跳杆。

下课后，杨老师亲切地拍着马付才同学的肩膀告诉他，在他第一次成功跳过跳杆后，跳杆的高度被老师有意抬高了，但他还是跳了过去。老师意味深长地说："以后不管什么时候都不要给自己设限，而且要把跳杆不断往上抬！"

这次事件之后，马付才完全恢复了自信。他走出了自卑自怜的阴影，他不再逃避。他和同学们一起出早操，一起跑步，并在体育课上主动将跳杆的高度一次次往上抬，他都一次次成功地超越。

更可喜的是，由于不断锻炼，马付才的病情有了好转。他心理和身体的疾病都得到了改善，最终顺利地考上了大学。

大学毕业后，马付才走上了社会，成了一个对社会有用的人。每每在事业徘徊不前的时候，他就想起老师的那句话。那句话一直激励着他前进。

如果没有杨老师的教诲，马付才的人生将不可想象！遇上这么好的老师，他的命运也因此而改变。

心灵悄悄话
XIN LING QIAO QIAO HUA

我们常说，教师是人类灵魂的工程师。没错，人生路上有恩师的教导，就不会迷失方向，一路之上有恩师的关注，才会更加自信，才会勇敢走向新的辉煌。

老师是心灵塑造者

老师是太阳底下最神圣的职业。人们都说老师像蜡烛，燃烧自己，照亮别人。的确如此，对于我们的成长而言，老师是文化的传播者，带领我们在知识的海洋中遨游；老师是我们成长的领路人，教导我们如何做人、处事；老师是我们的朋友，尊重、理解、关心我们的成长；老师是我们的榜样，言传身教，使我们终身受益……

老师是人生引路者。亲其师，信其道。老师是对我们一生事业影响最大的人之一。老师的一句话往往会坚定我们为一项事业奋斗终生的信念，老师一次偶然的提示有可能燃起我们对某一领域兴趣的火花。据统计，许多诺贝尔奖获得者在发表获奖演说的时候，都会情不自禁地回忆起对自己成长影响最大的一位小学或中学老师！

老师是心灵塑造者。老师是园丁，老师是路标，老师是摆渡人，这是对老师传道育人精神的赞美。工人劳动创造出实用的产品，农民劳动创造出丰富的食粮，科技人员的劳动是发明新技术，而唯独老师的劳动是培育出精神高尚的人。老师的职业是影响人一生的职业，老师的教诲是照亮人心灵的指路灯！在处于成长期的学生的心灵里，老师是任何力量都不能代替的最灿烂的阳光。老师的人格魅力乃至一言一行、一举一动都会在学生的心灵深处留下难以磨灭的痕迹，时时刻刻起着耳濡目染、潜移默化的作用。

老师是品德示范者。为人师表，率先垂范。这是对身为老师的所有教育工作者的基本要求和期待。同时，这也是人们对老师的一种褒奖。教书先育人，老师不仅在知识和言行上是学生效仿的对象，而且老师更为学生树立了良好的品德样板。老师的优秀品格令每一位学生终身受益，老师的高尚道德让所有人为之感动。

老师是爱的传播者。"捧着一颗心来，不带半根草去。"这是教育家陶行知的真挚感言。老师的爱是一种无私的爱，他们对学生的爱从不求回报。在工作中，无论遇到什么样的埋怨和误解，他们绝不因此而影响到对学生的教诲和关爱，他们绝不会把对学生的爱与自己的个人目的和利益联系起来。

老师是知识渊博者。老师的知识犹如奔涌不息的清泉，让我们总感到取之不竭、用之不尽。老师用他们的知识滋润着我们的成长，充实着我们的头脑，增添我们认识世界的力量。当我们回顾走过的人生之路，追寻我们事业发展的源头之时，很多人都会不约而同地想到一个人，那就是我们的老师，是老师给我们指引了前进的路。

老师是赤心报国者。人才是国家发展的栋梁，人才是民族强盛的中坚力量。人才的成长源于良好的教育，教育的繁荣要靠老师的辛勤劳动，靠老师的赤子报国情深。孔老夫子为了诸侯各国的发展与民众的利益，他奔走讲学、传播德政。孔子的政治、教育思想不仅影响了当时国家和民族的命运，而且形成了影响中国数千年社会发展的主流思想。

老师是无悔奉献者。老师把奉献作为自己的快乐，把给予作为自己最大的幸福。有一位普通老师的话语更体现了他们奉献精神的伟大：我们不需要太多的荣誉和赞美，因为我们已经习惯了默默无闻的奉献；不要给我们太多的物质和金钱，因为我们怕世俗的物欲污染了我们纯洁的心灵；不要给我们太多的称号，因为我们只喜欢两个字"老师"……

老师甘为平凡者。很多时候老师给我们留下的只是一束渴望的目光，一个鼓励的微笑，或者是课堂上一句亲切的话语，台灯下批改作业的一个身影。这些都让我们更多地感受到老师的平凡，而正是老师的这种平凡造就了我们的未来。

老师是时代推动者。老师们在课堂上循循善诱的教导，使青年学子们明晰了时代发展的要求，掌握了新的理论，并成为时代理论的坚定的实践者。新的时代，是老师推动了信息时代的真正实现，是老师引领我们进入了这个时代的殿堂，是老师让我们拥有了畅游信息时代的金钥匙。

这就是人世间最可亲、最可敬的人啊！感谢他们如蜡烛般燃烧自己，照亮我们；如粉笔般消磨自己，充实我们；如桅杆般挺立，指引我们。感谢他们用粉笔作桨，思绪作帆，指引载满希望与期盼的船只躲过一个个暗礁，到达知识的殿堂。

老师带我们跨越时间的鸿沟，体味人类精神史上的一次次辉煌；老师教我们在清幽的墨香中聆听古人的智慧之音；老师带我们在白纸黑字的世界里感受人性的伟大。

老师的培育使我们这些幼嫩新苗长成大树；老师的悉心使我们这些花苞开成烈焰般的花朵；老师的鼓励使我们这些涓涓小溪汇成奔流。师生情使我们的人生豪情万丈，师生情让我们的生命之花更加灿烂。

我们钦佩老师那"落红不是无情物，化作春泥更护花"的奉献精神，我们崇拜老师那"春蚕到死丝方尽，蜡炬成灰泪始干"的无私品格。

老师不是画家，却构筑了我们七彩的梦想；老师不是音乐家，却让知识的清泉叮咚作响；老师不是雕塑家，却塑造了一个个伟大的灵魂……

刻在木板上的名字未必不朽，刻在石头上的名字也未必流芳百世，老师的名字却刻在我们心灵上，永不磨灭。

老师的话语，充溢着诗意，蕴涵着哲理。老师推崇真诚和廉洁，以此视作为人处世的准则。老师对我们严格要求，并以自己的行动为表率。老师的规劝、要求，甚至命令，总使我们心悦诚服，自觉行动。

在我们的心目中，老师是最严厉的父亲，又是最慈祥的妈妈。老师的音容笑貌，时时会闪现在我们的眼前；老师的品行人格，永远珍藏在我们记忆的深处。老师是人类灵魂的工程师，有着像大海一样丰富、蓝天一样深湛的内涵！

老师是严冬里的炭火，是酷暑里的浓荫，是湍流中的踏脚石，是雾海中的航标灯。像天空一样广阔的是老师的胸怀，像大山一样深重的是老师的恩情。老师这种无私奉献的精神，值得全社会、全人类向他们致敬。

心灵悄悄话
XIN LING QIAO QIAO HUA

　　在生活的大海上，老师就像高高的航标灯，屹立在辽阔的海面上，时时刻刻为我们指引前进的方向！师恩如山，高山巍巍，使人尊崇。师恩似海，大海浩瀚，令人感怀。

谆谆教诲的师恩

鲜花感恩雨露，因为雨露滋润它成长；苍鹰感恩长空，因为长空激励它飞翔；高山感恩大地，因为大地支撑它高耸。我们感恩老师，就像阳光照耀大地，就像露珠滋润小草，就像春风抚摸树梢。千百年来，多少人把老师比作春蚕、蜡烛，借用古人的佳话，就是"学春蚕吐**丝丝丝不断**，做蜡烛照路路路通明"。

一块黑板就是老师挥洒人生的天地。而面对几十双迷惘而渴求的眼睛，老师义无反顾地用自己如歌的声音，播撒爱的阳光和智慧的甘霖。伴着老师声音的旋律，我们学会了用灵魂去歌唱，用真诚去追求。

一支粉笔，给我们指点知识王国的迷津；三尺教鞭，为我们指点通向理想的道路；一块黑板，记录下老师的无限深情；一个讲台，辉映着老师的良苦用心。我们应该永远记着我们的恩师，是他们的谆谆教诲让我们有了后来的成功和成材。

曾经在《教师博览》这本杂志转载的文章中看到这样一句话："在水中放进一块小小的明矾，就能沉淀出所有的渣滓；如果在我们的心中培植一种感恩的思想，则可以沉淀许多的浮躁、不安，消融许多的不满与不幸。感恩，使生活变得更加美好。"

几经风雨，几度寒暑。我们在学习中成长，在工作中进步，偶尔回忆，是否还记得求学路上那谆谆教诲的师恩？

作家魏巍曾经写过一篇让人难忘的《我的老师》，他这样写道：

最使我难忘的，是我小学时候的女教师蔡芸芝先生。

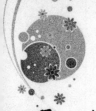
现在回想起来，她那时有十八九岁。右嘴角边有榆钱大小一块黑痣，在我的记忆里，她是一个温柔和美丽的人。

她从来不打骂我们。仅仅有一次，她的教鞭好像要落下来，我用石板一迎，教鞭轻轻地敲在石板边上，大伙笑了，她也笑了。我用儿童的狡猾的眼光察觉，她爱我们，并没有存心要打的意思。孩子们是多么善于观察这一点啊。

在课外的时候，她教我们跳舞，我现在还记得她把我扮成女孩子表演跳舞的情景。

在假日里，她把我们带到她的家里和女朋友的家里。在她的女朋友的园子里，她还让我们观察蜜蜂；也是在那时候，我认识了蜂王，并且平生第一次吃了蜂蜜。

她爱诗，并且爱用歌唱的音调教我们读诗。直到现在我还记得她读诗的音调，还能背诵她教我们的诗：圆天盖着大海，黑水托着孤舟，远看不见山，那天边只有云头，也看不见树，那水上只有海鸥……

今天想来，她对我的接近文学和爱好文学，有着多么有益的影响！
……

在我们获取了知识的滋养，穿过人生的迷茫的时候，蓦然回首，我们能见到的是那笑容可掬的老师。

25 年前，美国有位教社会学的大学教授，曾叫班上学生到巴尔的摩的贫民窟，调查 200 名男孩的成长背景和生活环境，并对他们未来的发展作一下评估，他们对每个学生的结论都是"他毫无出头的机会"。

25 年后，另一位教授发现了这份研究，他叫学生作后续调查，看昔日这些男孩今天是何状况。结果，根据调查，除了有 20 名男孩搬离或过世，剩下的 180 名中有 176 名成就非凡，其中做律师、医生或商人的比比皆是。

这位教授在惊讶之余，决定深入调查此事。他拜访了当年曾受评估的年轻人，向他们请教同一个问题："你今日会成功的最大原因是什么？"结果他们都不约而同地回答："因为我遇到了一位好老师。"

这位老师目前仍健在，虽然年迈，但还是耳聪目明。教授找到她后，问她到底有何绝招，能让这些在贫民窟长大的孩子个个出人头地。这位老太太眼中闪着慈祥的光芒，嘴角带着微笑回答道："其实也没什么，我爱这些孩子。"

感恩老师，在人生的十字路口，向我们伸出了热情的手，就像一缕绚烂的阳光照亮我们的胸膛，于是，我们在彷徨中坚定，在思索中清醒；在求学的旅程上，老师丰富了我们的学识，开发了我们的智力；在奋斗的路上，老师为我们点燃了希望的光芒，让我们邀游在知识的海洋里。

宋朝时，岳武穆王的老师周同的力气很大，可以拉开300斤的弓。

当周同死了之后，每到初一、十五，岳武穆王一定到老师的墓前祭拜，并且痛哭一番。在痛哭后，他必定会拿出老师所送的300斤的弓发出三支箭才回去。他这份念念不忘师恩的真情，正是他日后精忠报国的忠心。

桓荣是汉明帝的老师，而汉明帝对老师一向非常尊敬。有一次汉明帝到太常府去，在那里放了老师的桌椅，请桓荣坐在东边的座位，又将文武百官都叫来，当场行师生之礼，拜桓荣为老师。汉明帝能放下自己尊贵的身份来拜师，可见他的用心与风范，值得我们学习。

宋代杨时在下雪天拜谒著名学者程颐，程颐瞑目而坐，杨时不敢惊动，在旁站立等待。

程颐醒来，门前积雪已一尺多深了。后来人们用"程门立雪"形容尊师重道，恭敬受教。

老师孜孜不倦的教诲，伴随着我们的学习与生活，不但教会我们知识，更教会我们做人。

他们注视我们的眼光，就像注视着他亲手栽种的小树苗。他们和我

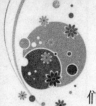

们一同接受春日阳光的抚爱，一同承受严冬雨雪的考验，在他们的帮助下，我们健康、快乐、顽强地成长，渐渐变得枝繁叶茂，变得茁壮挺拔。

心灵悄悄话
XIN LING QIAO QIAO HUA

举凡弟子要成才，首先要懂得向老师虚心求教，而在跟随老师的同时，要明白恭敬侍奉师长的道理。而且，一个能尊敬老师的人，也能重视学业；相应的也就是尊重自己。岳飞、桓荣和杨时尊师重道的精神，值得我们去体会、学习。

沉甸甸的师恩

落叶在空中盘旋，谱写着一曲曲感恩的乐章，那是大树对滋养它的大地的感恩；白云在天空中飘荡，描绘着一幅幅感人的画面，那是白云对哺育它的蓝天的感恩。

老师用阳光普照，用雨露滋润，我们的心田才绿草如茵，繁花似锦。教诲如春风，师恩似海深。

感谢您——老师，您让我们成为有自信、能超越自己的人。您用事实向我们证明：学习不是一种负担，而是一种快乐和责任。

感谢您——老师，是您让我们明白：我们能从失败中吸取教训，在困难中克服障碍，在黑暗中寻找光明。

您将美放在我们心中，给我们教诲，让我们尽情地在知识的海洋遨游，使生活充满惊喜！

感谢您——老师，是您让我们懂得生活可以像纸一样轻薄，也可以像大海一样深邃，像天空一样辽阔。您带领我们一起经历的每个问题、每个发现，都让我们看到了智慧在知识海洋中闪烁。

在师恩的故事里，我们想到了"512"地震中的谭千秋老师，他用自己的生命换取了三个可爱孩子的生命。这师爱深入骨髓，融入血脉，牵动着每一根神经，真挚深切的师爱散播在空气中，令人怦然心动。它好似一根红丝带，飞过高山峻岭，飘过江河湖海，牵系着颗颗炽热的心，散播着深切永恒的情。

师恩的深，师恩的醇，师恩的浓，师恩的久，让我们珍藏一生，怀念一生！

美国亚拉巴马州的阳光，海伦·凯勒只沐浴了 19 个月，一场高烧就夺去了她的视觉和听觉。上帝几乎抛弃了那个天赋优异的女孩，对她关上了那一扇门，然而莎莉文老师却为她打开了另一扇窗。是莎莉文老师带着那个绝望而愤激的身影，托起那只懵懂麻木的小手，蘸着清冽的井水，在她的手心里轻轻地写下了"水"字。

于是海伦·凯勒再次与世界获得沟通，鸟语花香、光明色彩再次在她的面前绽放。莎莉文老师就如同高洁圣灵的雅典娜女神，在无声的黑暗中点燃了智慧的神灯，赋予海伦人生的转折，使她为人类的事业奋斗终生。人们尊敬那位美国聋盲哑女作家，赞誉她为"世界天使""光明天使"。我们却想说，莎莉文老师，她是世界天使、光明天使发现与塑造者！

师恩如一股涓涓细流，虽无声，却能够滋润干涸的心灵；虽平凡，却孕育着一份惊人的伟大！有时，师恩是一剂特效药，可以挽救那病入膏肓、行将就木的灵魂；有时，师恩又是人生海洋上的一座指路明灯，引导我们走出迷途，追随光明。

"春蚕到死丝方尽，蜡炬成灰泪始干"，这份沉甸甸的师恩，有谁能够掂出它的分量，又有谁能够真正偿还呢！有一位老师曾经说过这样的话："我们不需要太多的荣誉和赞美，我们只喜欢'老师'这两个字……"这质朴的语言无疑是老师们共同的心声，是他们内心最真实的情感流露。

老师们的光热虽然是有限的，可他们把有限的光和热融会在一起，却能汇聚成祖国的万丈光芒！

我们感谢老师辛勤的教育，感恩于他们的谆谆教诲，然而，再多赞美的言语，华丽的辞藻，也比不上我们用爱和行动来感恩老师。感恩，并不需要我们去做惊天动地的大事：一道坚定的目光，一个轻轻的点头，一抹淡淡的微笑，一声甜甜的"老师好"，这都是感恩。不要把这些归结为无谓的小事，不要不屑于身边的这些点点滴滴，因为在这点滴小事的背后，包含的正是我们对老师辛勤工作的回报，也是对老师的尊重和肯定。

　　感恩更是我们在成长路上的每一分努力，哪怕是一点一滴的进步，都是送给老师最大的礼物，就是对师恩最大的回报！

心灵悄悄话
XIN LING QIAO QIAO HUA

　　感谢亲爱的老师，给了我们前进的动力，给了我们飞翔的翅膀，为我们指明人生的方向！有人说，老师是蜡烛，燃烧了自己，照亮了别人。

铭记师恩，情系一生

我们一路走来，遇见了那么多的人，但永远忘却不了的是老师。自从我们踏进校园的那一刻起，我们时时刻刻感受着老师伟大的人格魅力，时时刻刻吸取老师思想的精华，所有在我们人生路上给予我们指引的师长都值得我们用一生去铭记。

中国自古以来就是一个尊师重教的国家。**春秋时期的《尚书·泰誓》就记下了："天佑下民，作之君，作之师。"将君师视为一体或将君师并列于同等地位。**

《吕氏春秋》中记载："古之圣王，未有不尊师者也。"汉武帝刘彻年幼时对枚乘的赋赞不绝口，对其人也心向往之。即位后，他立即派人，用"安车蒲轮"（用芳香的蒲叶包着车轮的可以安然乘坐的车）也即当时最为隆重的方式，把枚乘接到皇宫里做自己的老师。尊师要付出真心，要怀着一颗感恩之心。

东汉时期，有一位名叫魏昭的人，当他还在求学的时候，看到郭林宗，心想这是一位难得的好老师，便对人说："教念经书的老师是很容易请到的，但是要请到一位能教人成为老师的人，就不容易找到了。"所以他就拜郭林宗为老师，而且派奴婢侍奉老师。但是郭林宗体弱多病，有一次他要魏昭亲自煮粥给他吃。当魏昭端着煮好的粥进来的时候，郭林宗便呵责他煮得不好，魏昭就再煮一次。这样一连三次，到了第四次，当魏昭再端起粥来而又没有不好的脸色时，郭林宗才笑着说："我以前只看到你的外表，今天终于看到你的真心啦！"于是大喜，将一生所学全部教给了魏昭，而魏昭也终成大器。

明朝时在四川灌县有一位银匠，名叫何云发，他平日侍奉师傅非常恭敬诚恳。

每次在道路上遇到师傅，他一定双手拱立，诚心敬意地向师傅问好。不久他的家渐渐地富有起来，但是结婚多年却一直没有子女。有一天他妻子梦到神来托梦说："你命中本来注定没有子女，但因你的丈夫懂得恭敬师傅，所以上天许你生个贵子。"

后来他们夫妇果真生了个儿子，并得到这个儿子的孝顺供养，一生衣食丰厚。

《吕氏春秋·劝学》云："**尊师则不论其贵贱贫富矣。**"然而真正做到的人并不多。英国作家卡内蒂却很好地做到了这一点。1981年，诺贝尔文学奖授予了卡内蒂。授奖大会上，卡内蒂对在自己创作中起过决定性影响的四位老师表示了由衷的敬意。他在最后说："如今我不感激这四个人物是不可能的。他们当中如有一位健在，那么，今天站在这里的将是他们而不是我了。"

马其顿王亚历山大说："我尊重亚里士多德如生身之父，因为如果说我的生命属于父亲，那么赋予生命价值的所有一切都属于亚里士多德。"

懂得感恩是值得敬重的，许多有成就的人都非常注重感谢师长。

孔子死后，弟子子贡悲痛万分，在墓旁结庐而居，一直守墓六年。

居里夫人在诺贝尔奖颁奖会上，亲手将鲜花送给恩师，表达她的感激之情。

我们伟大的毛主席尊师敬师的故事也是感人至深，可歌可泣。

伟人毛泽东小时候在家乡念私塾，当时有一位老师叫毛宇居。毛老师见毛泽东机敏过人，很是喜欢。毛泽东也很敬重这位老师。

1959年，已是主席的毛泽东回到故乡，请韶山的老人吃饭，其中就有毛宇居老师。当毛泽东向他敬酒时，毛宇居老人说："主席敬酒，岂敢岂敢！"毛泽东却说："尊老敬贤，应该应该！"

毛泽东在湖南第一师范求学时，非常敬佩徐特立先生。

1937年徐老60寿辰时，毛泽东写了一封热情洋溢的贺信。信中说："您是我20年前的先生，您现在仍然是我的先生，将来必定还是我的先生。"

1947年徐老70寿辰时，毛泽东又题词"坚强的老战士"送给他，表示尊敬和祝贺。

更为难得的是，对于有缺点和错误的老师，毛泽东也能正确对待。

张干是毛泽东在湖南一师读书时的校长。由于他维护旧的教育制度，引起学生不满，毛泽东带头发起了"驱张运动"，张干不得不离开了一师。

张干离开一师后，没有去做官，而是一直在学校教书。后来，毛泽东对张干从思想上和生活上都给予了热情的关怀和帮助。

著名的戏曲演艺家梅兰芳先生曾向齐白石学画，作为弟子，他经常为齐白石磨墨铺纸，而他的画艺也受到齐白石的赏识。

后来，由于梅兰芳在戏曲行业演技高超，事业如日中天，与此同时，曾为其师的齐白石却生活俭朴，衣着平常，经常不被人理睬。但是，梅兰芳并不以自己是戏曲界的名角而轻视齐白石。

在公共场合，梅兰芳总是恭敬地同他交谈，常常使得在场的宾客惊讶不已。

为此，齐白石特地画了幅《雪中送炭图》赠予梅兰芳，并题诗："记得前朝享太平，布衣尊贵动公卿。如今沦落长安区，幸有梅郎说姓名。"

梅兰芳与齐白石两位艺术大师的友谊维持终生，为后人所景仰。

因为有了一位师长，我们的人生才充满快乐，充满梦想，充满动力，充满智慧。

让我们常怀感恩之心，感谢成长路上遇到的每位良师吧！一个短信，一个电话，一句祝福的话，一张贺卡，一朵鲜花，一曲好听的歌……没有郑重的承诺，没有刻意的装饰，让真情自然流露，让师生情谊延绵悠长……

心灵悄悄话
XIN LING QIAO QIAO HUA

我们要感谢师长，是老师让我们知道了什么是人伦道德，什么是新陈代谢，什么是"长江后浪推前浪"，什么是"老吾老以及人之老，幼吾幼以及人之幼"。

第二篇　　爱的力量

　　大爱无形。灵魂的芬芳漫散到全身各个肢体，凝结在心灵的窗户中，闪耀成一道清晰的路标。岁月匆促，不变的是对这路标的凝望与景仰……

　　身为人师，也许不经意间的一个眼神，就会铸就一个美丽的灵魂，这是一个崇高的职业一如雏老师，在许多小小的心田里播下人格之种万万千千，最美的眼神来自最美的心灵，无声的力量胜过激昂的呐喊。一切，尽在不言中升华和塑造……或者，悲伤绝望之中看到了鼓励；或者，得意忘形之时得到了提醒；如同污浊的天空蓦然洒满光亮，仿佛炎热的夏季飘过凉风一阵。

师生情

鲜花感恩雨露，因为雨露滋润它成长；苍鹰感恩长空，因为长空让它飞翔；高山感恩大地，因为大地让它高耸；**我们感恩很多很多的人，但我们最感恩的是我们的老师。**

兰迪走进六年级的教室时，心里恐惧到了极点。虽然她已经在一家幼儿园的日托中心帮了两年忙，并且梦想将来也成为一名老师，但是现在，她还是茫然不知所措，不知道该怎样面对这些六年级的孩子。

兰迪环顾着教室的四周，一个男孩立刻引起了她的注意。他坐在教室的后面，斜靠在椅背上，双脚抬起，跷在课桌上。他的衣服上到处溅满了星星点点的干泥巴，在加拿大这个天寒地冻的温尼伯湖镇上，把衣服弄成这样，没有"高超的"技巧是很难做到的。因为，在这个地方，他们可能有好几个月连泥土的影子都见不到，映入眼帘的只有那四英尺厚的皑皑冰雪。

不仅如此，他的头发乱蓬蓬的、油腻腻的，仿佛是一堆乱草，看样子有好长时间没有梳洗过了，而且，他对兰迪怒目而视。好像在向兰迪示威："哼，想管我，就让你尝尝我的厉害！"

弗兰基是那种很容易引起人们注意的小孩儿，特别是在这间教室里，要想不注意到他都很难。

这个班级原来的老师正忙着写硕士论文，因此，每到星期一，他就私下里与学生们达成协议，打发他们去图书馆或者是别的没有干扰的地方做"个人研究"。幸运的是，这个老师总算还有一点儿良心，还没有完全忘记自己的责任，因此，他决定让兰迪来带数学最差的一个小组。

第二篇 爱的力量

这个小组里的学生都是男孩子，都非常好动，兰迪认为要让他们学好数学，就应该想办法激发起他们对数学的兴趣。当然，这个小组肯定少不了弗兰基。最后，这位老师告诉兰迪，对弗兰基唯一的要求就是他每天来坐一会儿就行，只要他来了，即使他跷起双脚坐在那里，就给他满分。

为了让这9个顽皮的男孩儿对数学产生兴趣，兰迪绞尽了脑汁。最后，她终于产生了灵感，决定从分数这个单元入手，运用食谱来引导孩子们学会这部分知识。他们做了各种各样的食品，从巧克力薄饼到家常面包。刚开始的时候，弗兰基站在小组的最后面，摆出一副漫不经心的样子，显示出他对此毫无兴趣。但是，当兰迪答应这些男孩子，只要他们中有人能够学好这个单元的课程，兰迪就带他们去麦当劳吃午餐，弗兰基说她做不到。**兰迪再次向他保证说，她不但能做到，而且一定会做到。**

从那以后，弗兰基发生了改变，变得越来越喜欢数学，每天，他都沉醉其中。当兰迪和这些男孩子之间的这段冒险经历进入到第二个星期的时候，奇迹出现了。

那天，弗兰基推门走进教室，兰迪简直不敢相信自己的眼睛：只见他浑身上下洗得干干净净，头发梳理得整整齐齐，衣服也穿得干净得体，他再也不是那个脏兮兮、吊儿郎当的弗兰基了。到第三个星期结束的时候，这个小组的所有男孩子都圆满地学会了整个单元的课程。这时候，兰迪意识到自己应该兑现自己的诺言了，准备带他们到麦当劳吃午餐，因为在这段时间里，他们确实都很努力！

但是，当兰迪得知学校的管理部门不允许实习老师带学生们离开学校的规定时，兰迪受到了很大的打击。弗兰基说得不错，她无法实现自己的承诺。但是，事情到此还没完，还有一个更坏的消息等着她。这个班原来的老师竟然给了兰迪一个最差的评估，这是她在整年的教学经历中收到的所有评估中最差的一条。

兰迪没有想到会是这样的结果，接二连三的失败让她的情绪低落到极点，心情也沮丧极了。她真诚地向这些男孩子们道歉，感谢他们对自己的信任，感谢他们付出的艰苦努力。然后，兰迪默默地收拾好东西，准备离去。

偏巧那天下午，他们班级也将参加学校举办的六年级毕业之前的舞会，那是一场非常出色的舞会：所有的男孩子站在体育馆的一边，而所有的女孩子则站在另一边。兰迪和另一位与她有相同遭遇的实习老师坐在露天看台上，欣赏着这些男孩子和女孩子告别小学这个避风港而升为中学生之前的最后一幕。

突然，那震耳欲聋的摇滚乐猛地停止了，优美的华尔兹舞曲响了起来，在整个体育馆上空回荡。

这时候，弗兰基从一群孩子中走了出来，爬上露天看台，问兰迪愿不愿意和他跳一支舞。当兰迪出现在舞池中央时，几乎所有的目光都一起注视着他们，弗兰基和兰迪就这样在众目睽睽之下默默地跳起了华尔兹。

当一曲结束的时候，弗兰基停住了舞步，凝视着兰迪的眼睛说："谢谢你改变了我的人生！"

哦，这一切并不是因为食谱和分数具有多么神奇的魔力，也不是因为曾经许下的到麦当劳吃午餐的诺言。兰迪认为创造这个奇迹的唯一的原因就是因为有人在关心你！如果她真的改变了弗兰基的人生，那么，他也是一样改变了她的人生。

就是在那间教室里，**兰迪懂得了爱的力量，学会了善待他人和尊重他人。**

在那以后的岁月里，兰迪这个原本要成为幼儿园老师的实习老师，改变了原来的主修课程，学起了特殊教育。多年以来，兰迪一直在加拿大和美国从事着这份非常有意义、有价值的教育工作，尽自己的所能去寻找每一个弗兰基。

她经常在心里默默地向弗兰基致谢：谢谢你，谢谢你改变了我的人生！

第二篇　爱的力量

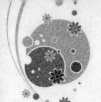

老师的爱，无私中透露着平凡，像一股暖流，渗入我们的心田；像一种呼唤，帮助我们落寞的心灵找到回家的路；像一阵春风，给我们温暖和温馨。

我们的老师，没有华丽的舞台，没有簇拥的鲜花，一支支粉笔是他们耕耘的犁头；三尺讲台，是他们奉献的战场。

心灵悄悄话
XIN LING QIAO QIAO HUA

老师的爱，叫师生情，这是人世间最严肃的情：犯错误时教导我们的是老师；遇到困难时第一个想到的是老师。一个赞扬的眼神，使我万分开心；一句温暖的问候，让我感受到第二种亲情。

拥抱的力量

什么是感恩呢？感恩是一个人不可磨灭的良知，也是一个人健康心理的表现。一个连感恩都不知晓的人必定是拥有一颗冷酷绝情的心，绝对不会成为一个对社会做出贡献的人；**感恩是一种对恩惠心存感激的表示，是每一位不忘他人恩情的人萦绕心间的情感。**

珍妮刚刚参加完辅导儿童读写的志愿活动，结识了四年级的小学生迈克。他是一个特别瘦的小男孩，但是却喜欢模仿硬汉的形象，从他的眼神中，珍妮总能感觉到一股无名的怒火。

迈克不喜欢读书，整天板着脸把书用力地摔在桌子上。他写不出一句完整的句子，而且字迹潦草得难以辨别，有时还会冷不丁地冒出几句脏话来。珍妮想尽办法鼓励他，发现他有一点点进步时，都及时表扬他，说几句赞赏的话，或者拍拍他的肩膀。

一天，迈克竟然破天荒地写了一篇完整的小故事，随后又顺利通过了测验。这样，他就获得了从礼品柜里挑选礼物的机会。等迈克挑选完礼物回到座位后，珍妮对他说："迈克，为了这份礼物你付出了很多努力！你做得很好，我真想拥抱你！"

迈克似乎没有听到珍妮说的话，继续低头摆弄着手中的玩具。然而就在同学们快要回到教室的一刹那，他忽然伸出手臂紧紧地抱住了珍妮，随即又松开，快速地逃走了。珍妮高兴极了。

在剩下的几个月里，迈克学习更加努力，后来成了班上的模范生。他的眼睛里总是闪烁出智慧的光芒，完成功课对他来说是一件很轻松的事。每次下课后，他总要跑到珍妮面前，拥抱她一下。渐渐地，珍妮发

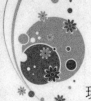

现他眼神里的怒气消退了。

志愿活动结束时，珍妮送给迈克一件礼物。并且告诉他："我会想你的。"这句话是珍妮的肺腑之言。

迈克沉默片刻，说："我也会想你的。和你在一起我真的很快乐。"说完这句话，迈克扑进珍妮的怀里，他们紧紧地拥抱在一起。随后，迈克走回教室，冲她挥挥手。五年级以上的学生就不再读写辅导课程了，所以珍妮不知道还有没有机会再次看见他。

珍妮心里很清楚，在他们相处的短短几个月里，不可能改掉迈克身上所有的缺点，但是他的确进步很快，这一切都源于每天的拥抱，当她对迈克敞开怀抱时，也打开了迈克的心扉，**爱的拥抱让他感到温暖，它不仅改变了迈克的诸多缺点，同时也改变了他的人生。**

一位老师曾经说过：我不需要太多的荣誉和赞美，我只喜欢"老师"这两个字……这质朴的言语无疑是老师们共同的心声，是他们内心世界最真实的情感流露。我们感谢老师们的辛勤教育，感恩他们的谆谆教诲，然而，再多赞美的言语，仰慕的辞藻，也比不上我们用爱和行动来感恩老师。

贝丝第一次见到杰米的时候，是在夏威夷的一所小学校里，当时，他正在学校操场上的大树下和同学们玩耍，他活泼可爱，一双漂亮的大眼睛马上吸引住了贝丝的目光。

夏季里的一天，贝丝正在办公室里批改作业，杰米的老师拉着他一起跑进办公室。杰米大声地哭着，而他的老师打开抽屉，疯狂地乱翻一气，最后终于找出一块纱布裹在杰米正在流血的右手食指上。她说教室的门把杰米的右手食指的指尖部分夹掉了，虽然她已经用纱布将他的食指包了起来，但是，鲜血很快浸透了厚厚的纱布。贝丝急忙给学校校车司机打去电话，让他立刻把他们送到急救中心去。

几分钟后，电话铃响了起来，贝丝接起电话，是医生打来的，问她能不能找到杰米那被夹断的指尖。他说如果她们能及时把它送到医院，那么杰米的手指还有被接上的可能。顿时，贝丝感到天旋地转，她立刻从椅子上弹了起来，向教室的门口跑去。终于在杰米班级的教室门口找到了他被夹断的指尖。贝丝小心翼翼地用一条干净的手绢将它包好，然后，抓起车钥匙，飞身上车，向急救中心飞驰而去。

在急救中心里，医生们正焦急地等待着她。可惜，还是晚了一步，当她打开手绢时，杰米被夹掉的指尖已经变成紫色。当医生把它托在掌心里，仔细察看后无奈地摇摇头。这一切都太迟了。顿时，贝丝的心猛地一沉，平静地问："杰米在哪里？"

医生指着走廊前方的一间病房说："他正在那里止血。"

"我能去看看他吗？"贝丝问。

"当然可以。"医生点点头。示意她可以进去。

贝丝轻轻推开病房的门，杰米正躺在一张平坦的可以移动的金属担架上。她慢慢走进病房，发现他的胸脯还在有节奏的上下起伏，肯定是他还在不停地啜泣。

"嗨，杰米，"贝丝轻轻地擦掉他额头上的汗水，小声地说，"你现在感觉怎么样？"

"还好，老师。"杰米漂亮的大眼睛里噙满泪水。

贝丝看着杰米痛苦的样子，却又无能为力。突然之间。她的脑海里闪过一个念头。她弯下腰，趴在他的耳边，轻声地问："杰米，**小壁虎的尾巴断了以后还能再长出来，而小孩子的手指受伤以后也一定会再长好的。**"

听她这么一说，杰米的眼睛里立刻闪烁出异样的光彩。"真的吗？"他瞪大眼睛，兴奋地问，很显然，贝丝的说法让他无法相信。

贝丝肯定地点点头说，"是的，它一定会长好的。"

杰米微微皱了一下眉头："那怎么才能让它长好呢？"

"杰米，现在你闭上眼睛，听我慢慢告诉你。"贝丝想教他自己小时候曾经学过的古老的心灵术。这不是一种迷信，现在各个知名大学的学者已经开始认可这种古老的智术。斯坦福大学名教授威廉·A. 泰勒先生说过："许多人总是觉得很难理解我们的'意愿'所具有的能改变

世界的超能力，但它可以感知的效果已被大量实验所证明。"

当杰米闭上眼睛的时候，贝丝说："好的，杰米。现在，在你的脑海里有一种声音，你知道那是我对你说话的声音吗？"

"嗯！"杰米点点头，他的眼睛仍旧紧紧地闭着。

"杰米，跟着你脑海里的声音，告诉你的手指你爱它，需要它。"贝丝边说边注视着杰米可爱的脸庞，"告诉你的手指你需要用它来拨电话号码。"贝丝看着他的嘴唇一张一翕地在默默地重复着自己所说的话，稍微停顿了一下，然后，接着对他说，"告诉你的手指说你需要用它来写字。"说到这，贝丝又停顿了一下，为了让他能跟上，"并且，你还要告诉它你需要它来为你指点方向。"说完，又停顿下来，过一会儿又继续说，"现在，你就说，手指，手指，快快长；手指，手指，我爱你！"

过了一会儿，杰米睁开了眼睛。

"感觉怎么样，杰米？"贝丝微笑着问。他看到杰米泪迹斑斑的脸上燃起了希望之光。"记住，杰米，每天都对你的手指说我刚才教你的那些话，你的手指很快就能长好。"

说完，贝丝轻轻地吻了一下他的脸颊，然后转身向门口走去。就在她转过身的瞬间，突然想到，如果他们家人认识不到这种方法的真正力量，他们可能会阻碍他这么做。为了让杰米坚定手指会长出来的信念，贝丝立即转过身，回到他的床边："杰米，你的手指一定会长好的，但是，你一定要等到它完全长好之后，才能把这个特别的方法告诉别人，好不好？"

"好的。"杰米忽闪着大眼睛，认真地点点头。

几天之后，杰米回到学校，手指上绑了一个大大的绷带。他来到贝丝身边，脸上带着微笑，趴在她耳边神秘地说："每天，我都按照您教我的方法跟我的手指说话，祝愿它快快长好，并且，它也在听我说话呢。"

几个星期之后的一天，贝丝正坐在办公室里看书。杰米欣喜若狂地飞奔到她身边。他骄傲地解开了手指上的绷带，把他这些日子来努力工作的"成果"呈现给贝丝看。"老师，您看，"他兴奋地说，"它真的长好了！"

转眼，一年过去了。有一天，杰米满怀忧伤地找到贝丝，说他家要搬走了，他是来和贝丝告别的。临走前，他再次骄傲地竖起右手的食指，它已经完全治愈了，就像其他的食指一样圆润饱满，只是留下一道非常细小的疤痕。

杰米走了，但是他那可爱的模样刻在了贝丝的心上，并且时常提醒自己一切皆有可能。不仅如此，每当贝丝产生失败的念头时，她就会想起杰米，从他身上，她学会了在失败面前永不低头。

希望所有看到这篇文章的人记住一句至理名言：**只要你有坚定的信念，任何奇迹都会出现。**

心灵悄悄话
XIN LING QIAO QIAO HUA

　　学会感恩，是为了擦亮蒙尘的心灵而不致麻木；学会感恩，是为了将无以为报的点滴付出永铭于心。

第二篇　爱的力量

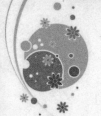

老师的影响力

感恩老师，并不需要我们去做什么惊天动地的大事，它表现在日常的点点滴滴：课堂上，一道坚定的目光，一个轻轻的点头，你在专心地听课，这便是感恩；下课后，在走廊里看到老师，一抹淡淡的微笑，一声礼貌的"老师好"，也是感恩！

老师会影响学生的一生，希望所有做老师的人，都要相信自己有这样巨大的力量。

托比相信这句话，因为他切身体会到了一个老师的影响力有多大。

托比担任小学校长的第二年，被调到俄克拉荷马州中部的亚力克斯任教。由于他刚刚来到这所小学，必须尽快认识这里的学生。于是，他给每个班级制定了一份读书计划，让各班学生轮流到图书馆阅读他们喜欢的书籍。只要有时间，托比就待在图书馆里，在读书的同时还能和学生们广泛接触，并且了解他们对哪类书籍感兴趣。

一个月过后，托比结识了一个叫汤姆的五年级男孩儿，因为他们都喜欢天文学方面的书籍，所以很快就成了好朋友。

汤姆是个好孩子，聪明好学，求知欲望特别强烈。他和托比经常利用课余时间聚在一起，谈论天文学方面的知识。有时候，汤姆还主动来到托比的办公室，找他讨论问题。为了应对小男孩的提问，托比必须抽出大量的时间学习和阅读。

两年过后，托比决定离开亚力克斯，去大一点的学校任教，但是他不知道该怎样把这个消息告诉给汤姆。他们已经建立了深厚的友谊，而且互相尊重。托比认为，汤姆对自己的尊重，不是因为自己是校长，而是他发自内心的关心他，不仅关心他的学业，同时也关心他的生活。

在托比的关心下，汤姆更加努力学习积极向上，他对自己的要求越来越高，希望自己能做到最好。转眼间一个学期又结束了，托比马上要离开了，但是他还没有找到合适的机会跟汤姆说这件事。在学期结束时的颁奖大会会场，汤姆一大早就来到学校。托比坐在会场前面的角落里，正在写演讲报告。

"托比!"这是汤姆的声音，托比回过头，看见汤姆站在不远处，背对着他，后脑勺上光秃秃的少了一撮头发。

"看到了吗?"汤姆转过身说，"这是我送给你的道别礼物。"

托比惊呆了，心里被一种幸福感包围着。汤姆是多么看重他们之间的这份友谊! 更让托比惊讶的是，他是在他父亲的帮助下剃掉这撮头发的。

托比满足地靠在椅子上，心想，就算今天让我退休，我也毫无遗憾。因为托比得到了一份不平凡的礼物，没任何礼物能让他如此开心。

衡量一位老师是否优秀，不是看他对学生的了解有多深，而是他对学生的关心有多少。他不仅要关心学生的功课，还要关心他的生活，他的理想，他的未来。

用优异的成绩，用可骄的成功，用你一点一滴的进步来告诉老师，"老师，我能行"，更是对老师的感恩。

鲜花可以枯萎，沧海可以变桑田。但我们感恩的心不能变，让我们从一点一滴做起，感恩老师!

这是一所私立小学，每天早晨，全体师生聚集到一楼的大厅里开晨会，为一天的学习做准备。从 3 岁到 7 岁的 55 个孩子，坐在五颜六色的儿童椅上，清澈童真的眼神里流露出热切的期盼，每天在晨会上她们都要合唱，畅想未来和讨论一些关于爱的话题。

一天早晨的晨会上，女校长宣布："从今天起，我们要开始做一项实验，爱心的实验。"她举起讲桌上的两盆常春藤，说："这里有两盆植物，你们看是不是一模一样?"

第二篇 爱的力量

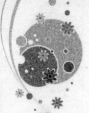

"是。"所有的孩子都异口同声地回答。

女校长又补充说："我们让这两盆植物接受同样的光照，给它们等量的水，唯有关心程度上有差别。"

"我们把一盆植物放到厨房，远离我们的视线，另一盆就放在大厅的壁炉架上。从下个月起，每天我们都要对大厅里的植物唱歌，告诉它，它有多么美丽，我们有多么爱它。我们要在心里想着它，用心灵传达我们的善意和关心。一个月后，我们再看看会出现什么结果。"

一个3岁的小女孩从椅子上跳起来，用她的小手指着厨房的方向说："可是，我们怎么对待另一盆植物呢？"

"我们把大厅里的这盆植物和厨房里的植物作对比。你觉得怎么样？"

"不跟它说话？"小女孩惊讶地瞪大眼睛。

"一句都不说。"女校长肯定地点点头，"也不向它表达我们的爱心。"

一个月后，不可思议的事情发生了，厨房里的植物不但没有长大，而且变得瘦弱不堪，一副快病死的样子。而大厅里的植物每天听着孩子们唱歌，在关怀和赞美声中，它已经长大了3倍。它那翠绿的叶子在阳光下微微地颤动，仿佛它也在和孩子们一起歌唱。

富有同情心的孩子们开始为厨房里的植物落泪，他们同情它的不幸，更担心它的命运。为了验证实验的结果，也为了安慰善良的孩子们，她们把厨房里的常春藤也搬到大厅里，给予它同样的关爱。

3个星期后，这盆常春藤也茁壮成长起来。4个星期后，两盆常春藤已经一模一样，难以区分了。所有的老师都将这一节"爱的试验"记在心底：只要有爱，就能够成长。

学会了感恩，我们会以一种平和的积极的心态去面对亲人、面对朋友、面对生活、面对社会。我们不会因失望而气馁，不会因痛苦而绝望，不会因失败而放弃，我们会更深刻地领悟人生的意义，会生活得更加潇洒、更加超然。

罗曼·德斯尔博士布置的期末论文难度很高，当他在班上念出这次论文的要求时，听起来有些可怕。他用特有的敏锐目光扫视着下面的同学，提醒他们说，不仅论文的内容要好，形式和论据也要很精彩。

下课了，同学们鱼贯走出教室。这时，德维什想起了高中英语老师艾多·库特夫人，她跟罗曼·德斯尔博士一样，对学生的要求都非常严格。上他们的课，让人紧张得透不过气来。

英语老师艾多·库特夫人极其严格、细致、整洁。现在德维什还记得她用浅蓝色的墨水在她的英语作业本上写下的娟秀小字，她对她每一个细小的语法错误都认真地指出并作出详细的修改。

"总有一天，你们会明白。在这间教室里学到的东西是多么有用。"这是艾多·库特夫人经常挂在嘴边的一句话。没有人把她的话放在心上，几乎没人相信她说的话，但是，那并不妨碍她对学生们的英语作文严加监督。一听到有同学小声地抗议，她的眼睛顿时会闪现出亮光，言辞恳切地说："将来，你们会发现真实的世界要比起我的期末作文要求得更加严格。但是不用怕，我要你们做的这些期末作文，会帮助你们为那个苛刻的世界做好准备！"

想到这里，德维什的脸上露出一丝笑容。

罗曼·德斯尔博士似乎有一种专门为难学生的嗜好，在其他老师那里都能得到"A"的学生一到他的手上，立马成了只能得"C"的人。于是，德维什不敢马虎，更不敢怠慢，第二天便全神贯注开始写论文。她字斟句酌，比哪一门功课的作业都认真。

论文收上去后不久，德斯尔教授就批改完了。发下来的时候，教室里响起一片哀鸣，就像医院的病房。德斯尔教授把德维什的论文往她课桌上一放，一言不发地走开了。她闭上眼睛，深吸一口气，告诫自己要挺住，要经得起这一打击。当她下定决心猛地一下翻开卷子的时候。一个大大的"A"跃入眼帘。德维什简直不敢相信自己的眼睛，凑近了再仔细一看，真的是一个"A"，在这个分数下面，德斯尔教授简洁地写了一句话："下课后过来见我。"

下课了，同学们小声抱怨着走进教室，德维什紧张地走到讲台边。"德维什，"他说，"你的论文是班上最棒的文章之一，我教了多年的大学会计系新生，这是写得最好的作业。你知道这说明了什么吗？"

德维什茫然地摇了摇头。

"说明在教过你的老师里，肯定有一位杰出的英语老师。如果她还健在的话，你应该前去向这位老师说声'谢谢'！"

说完，他合上笔记本，站起身，走出了教室。

他的话让德维什再次想起了库特夫人。但是在德维什的记忆中，库特夫人是一位严厉认真的老师，一想到要会见她，德维什的心里就开始害怕起来。

经过再三考虑，到了傍晚，德维什还是鼓起勇气，战战兢兢地来到库特夫人的家门口，轻轻叩响房门。过了很久，她才穿着睡衣出来开门。

"我可以进去吗？"德维什站在门外拘谨地问。库特夫人一边咳嗽，一边不情愿地点点头。

"整个秋天，我都在生病。"她用微弱的声音说，"我得了肺炎，刚好一点儿。"

库特夫人虚弱地倒在沙发上，疲倦地示意德维什坐在旁边。德维什紧张地坐在离她最近的椅子边沿上，然后把那张期末论文拿出来，飞快地塞进她手里。她打开卷子看了一眼，疑惑地望着德维什。

"我大学里的会计课教授说，他知道在我以前读书的学校，肯定有一位像您这样的老师教过我，"德维什不好意思地向后挪了挪身子，"所以，我只是想来谢谢您，我感激您曾经为我做的一切，包括您对我的严格要求。"

库特夫人愣了一下，接着眼圈儿红了，泪水流了下来。"你是这么多年来第一个特地到我家来向我说感谢的人。"她哽咽着说，"孩子，你的来访比我吃的所有药片都管用，你的来访让我非常感动。"她拉住德维什的手，站起身，张开双臂紧紧地拥她在怀里。

"见到您我也很高兴，库特夫人，其实我早就应该来向您道谢了。"德维什趴在库特夫人的耳边，轻声低语。

此时，德维什和老师觉得她们是世界上最幸福的人，拥有了整个世界。

感恩是一种处世哲学，是生活中的大智慧。学会感恩吧，因为我们生活在感恩的世界里。学会了感恩，我们会消除与父母的代沟；学会了感恩，我们会淡忘与朋友的隔阂，学会了感恩，我们会忘记烦恼和忧愁，痛苦与仇恨。

心灵悄悄话
XIN LING QIAO QIAO HUA

感激教育你的人，因为他们开化你的蒙昧；感激伤害你的人，因为他磨炼了你的心志；感激欺骗你的人，因为他增进了你的智慧；感激藐视你的人，因为他觉醒了你的自尊……学会感恩，不要再认为所有的事情都是理所当然，其实所有的一切都来之不宜。

41

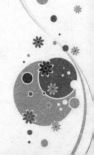

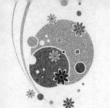

爱的回应

如果黑板是浩渺的大海，那么老师您就是海上的水手，教鞭就是你的桨，划动那只停泊在港口的船只，你的手势生动优美，如一只振翅翱翔的雄鹰，在辽阔的天宇边划成一条漂亮的弧线，遥远的天边飘来一片云，犹如您晶莹剔透的心，一派高远，您随便的惊鸿一瞥，执掌起满天晚霞。

在赛普的班级里，有一个叫麦特的男孩，他不仅仅是不遵守纪律，甚至有时还有意破坏公物，最严重的时候一天摔好几次椅子，嘴里还骂道："我讨厌你！"然后，猛地推开教室的门，跑到外面去。

一天，麦特在课堂上不知道什么原因又大发脾气，最后他突然喊道："你知道我妈妈因为总是找错钱，马上就要失业了吗？"

赛普断定麦特的家里在经济上遇到了困难。为了了解事情的真相，当天下午，她给麦特的母亲打去电话，他母亲告诉赛普，她在一所高中福利社工作，但是因为她算术太差，经常找错钱，所以马上就要失业了。

与麦特的母亲通话结束后，赛普决定抽些时间帮助麦特的母亲补习数学。第二天下午，她又给麦特的母亲打去电话，说出自己的计划，麦特的母亲非常感动，连声感谢。麦特的母亲在每周周日下午带着麦特来到教室，赛普教她怎样辨别钱币的真伪和数额。在她教麦特的母亲时候，麦特在一旁玩耍。

开始时，他离她们很远，没过多久，他就慢慢地靠了过来，只是故意装作漫不经心的样子。接下来，为了让麦特的母亲更快地掌握这部分知识，赛普让她拿着一本高中福利社的菜单，玩起分角色扮演顾客的游戏。这时，麦特走了过来，主动要求扮演一名来福利社买午餐的高中生。游戏开始不久，赛普就发现这对母子对这个游戏非常感兴趣，因此，麦特的母亲进步非常快，麦特的脸上也露出了从未有过的笑容，脸颊上呈现出两个深深的小酒窝。

在赛普的帮助下，麦特的母亲保住了工作。她们之后又上了几节算术课，在这段时间里，赛普发现麦特发脾气的次数越来越少，而且很少大喊大叫，上课也开始遵守纪律了。麦特似乎完全变成另外一个人。

赛普暗自松了一口气，**她觉得自己付出的时间是值得的，让她产生了某种程度的成就感和满足感。**

一天早晨，赛普把教科书放在讲桌上，正准备上课时，发现桌子上有一个折叠得整整齐齐的小纸条。她展开纸条，只见上面写着："老师，我现在非常喜欢你！麦特敬上。"

赛普把纸条折好，小心翼翼地放进贴身口袋里。她抬起头，看见麦特正冲着她微笑，嘴角处呈现出两个漂亮的小酒窝。

一支粉笔，三尺讲台，留下的永远是老师含辛茹苦的身影。滴滴汗水，点点心血，印在您脸上的始终是呕心企盼的神情。一个人一生之中最大的幸福不是过着纸醉金迷的声色艳娱的生活，不是和爱人耳鬓嘶磨，醉卧温柔之乡，而是遇到一个知识渊博，品行高尚的老师。

麦可是莫斯卡班上的学生，他极差的语言表达能力给她留下深刻的印象。他说的话没有人能明白是什么意思，两个星期后，莫斯卡才能从他含糊不清的话语中抓住只言片语的重点，可以勉强理解他的意思。平时，他只和莫斯卡说话，不太和同学们交往，所以他的幼儿园生活很孤独。

班上的其他同学都喜欢语言表达，在沟通过程中建立起良好的关系。同学们都不愿跟麦可说话，因为他们对他说的话，得不到任何回应。这时，他们经常故意逐渐加大音量，对着麦可重复说同样的话，最后甚至会以不耐烦的神情对着麦可又叫又喊。但麦可只是看着他们，脸上浮现出一丝不易察觉的冷静表情。这时，同学们会用嘲笑的目光看着他，然后跑开。

念幼儿园期间，麦可只对两件事情感兴趣：剪纸条和在黏土上戳洞。每当莫斯卡发给他纸张时，他都会条理分明地把纸张剪成条状。他喜欢玩黏土，在黏土上戳洞。同学们知道他的喜好后，经常围住黏土堆，不让他玩。

但是幼儿园的学习课程还包括堆积木、绘图、装扮、角色扮演、演讲、聆听、交朋友等等。莫斯卡知道必须帮助麦可改掉孤僻的习性，但不知道应该从哪里开始。他的测验成绩和行为表现已经使他符合转入特殊教育班的条件。

就在这时，情况出现了转机。莫斯卡的班级转来一个叫葛雷茜的小女孩，她的父母离异，她跟父亲生活在一起。和其他由父亲带大的女孩一样，葛雷茜经常穿着不合身的衣服，没有梳头洗脸就来上学，和班级里其他同学比起来，她就像个流浪儿。

由于葛雷茜的母亲不在身边，所以她不懂得该怎样跟女性相处。她经常通过违反课堂纪律引起老师的注意。莫斯卡朗读故事时，她会离开座位四处走动，迫使莫斯卡停止阅读，哄她坐回座位。打扫教室时，她会故意"慢半拍"，因为她担心和同学一起行动时不会引起莫斯卡的注意。

当莫斯卡告诉她要遵守课堂纪律时，她会跑到角落里，低下头蹲在地上，双手抱着膝盖放声痛哭。当莫斯卡抽出时间时，会特别照顾她，陪她说说话，拥抱她，告诉她待人处事的道理。但是班上还有29位学生，这种机会并不是很多。

当葛雷茜遵守纪律时，莫斯卡会给她一些鼓励，例如一个拥抱或说几句赞扬的话。

这种老方法对葛雷茜非常有效。一次，莫斯卡表扬她遵守纪律，她高兴地连声道谢，而且还一再表示，以后会做得更好。对于缺乏母爱的孩子来说，几张贴纸、一些拥抱，以及带有女性温柔的关注确实非常重要。

后来葛雷茜当选为模范学生，可是麦可却仍然是老样子，整天只是对剪纸条和玩黏土感兴趣。同学们经常对他大喊大叫：

"麦可，加入我们吧！"

"麦可，振作起来！"

"麦可，把黏土给我！"

但是麦可脸上仍然没有半点表情。莫斯卡不知道同学们的叫喊会对麦可造成什么样的心理影响，但她知道这些叫喊已经快要使她发疯了。

有一天，因为麦可在唱歌时一直跑调，一名高个子同学打了他一下。莫斯卡意识到是采取行动的时候了。有一次，麦可参加另一名老师率领的图书馆参观小组，莫斯卡趁这个机会和班上同学做了一次沟通。她让他们想象一下，如果别人听不懂他们说话时，会是什么样的反应。"如果你到了国外，你不会说当地语言，也听不懂当地人说的话时，你希望他们每天对你吼吗？你们会有什么感想？"

"难过。"孩子们回答。

"如果你听不懂别人说的话，也不会说他们的语言，但每个人都对你微笑，并且用友善的语气跟你说话，并且愿意和你分享，你们会有什么感想？"

"快乐！"

"麦可有时候听不懂你们说的话，你们有的时候也不懂他在说什么，但即使你们不能彼此沟通，也请你们用友善的语气和他说话，对他微笑、与他分享快乐，给他一个拥抱！麦可不希望有人每天对他吼叫，他想交朋友，就像你们一样。"

那天，葛雷茜也在课堂上。当麦可回到教室时，并没有感觉到教室里异常的气氛，仍然直奔他的黏土堆，开始在黏土上戳洞。葛雷茜走到他身边，蹲下身子，也模仿着他的样子戳洞。刚开始麦可没有注意到她，但她一直和他说话，而他不久之后也有了响应。莫斯卡不知道他们在谈什么，但她看见葛雷茜脸上带着微笑，高兴地帮助一个比她更需要

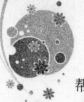

帮助的孩子。渐渐地，麦可的脸上露出了僵硬的笑容，莫斯卡从来都没有看过他有这样的表情。葛雷茜拥抱他，握住他的手，把他带到积木室，而麦可也没有跑回黏土区。葛雷茜倒出积木，开始堆一个塔。她把积木交给麦可，脸上一直保持微笑，并且一直和麦可交谈。他开始在她的塔上堆积木，并且发出几声单调的笑声，但这是他在班上第一次发出笑声！

在葛雷茜的带动下，其他孩子也加入堆积木的游戏，他们照着葛雷茜的方式，用温柔的声音和麦可说话。那天，孩子们的态度显得特别温和，没有人大声说话。在葛雷茜的协助下，麦可和其他孩子们领略到了生命中不同的感受。

老师是先活在学生们的眼睛里，而后才活在学生们的心里的。要把学生们目光之中的怀疑，猜测，挑剔变成心目中的信任、尊敬和爱戴，并不是一件轻松的事情。"传道，授业，解惑"包含着多少的苦涩和艰辛啊。

或许有一天，他教给我们的知识已随着时光的流逝而被淡化了，但是他的人格魅力在我们心中却是永恒。当我们在心灵一隅为您开辟出一片圣洁的园地时，我们又有了一个新的人生偶像了。

心灵悄悄话
XIN LING QIAO QIAO HUA

感恩，是人一生中不可缺少的智慧。感恩应在心，不需常挂口，许多刻骨铭心的东西都不能说，说了就变得云淡风轻，再也记不住了。

无处不在的精神力量

能够传递美的眼神的人，需要并不多，那就是你必须有一个满浸着人间大爱的灵魂。 这样的一个人，才会生长出最人性的枝蔓，才会漫溢出爱的芳香。

一所重点中学百年校庆时，恰逢德高望重的教师雒老80寿辰。雒老师极富传奇色彩，他所教过的学生，许多已经成为蜚声海内外的教授、学者以及活跃在时代前沿的 IT 精英。是什么原因使雒老师桃李满天下呢？学校决定在百年校庆之际，把这个谜底揭开。

于是，学校给雒老教过的学生发出一份问卷，雒老师的哪些方面最让他们满意。五花八门的答案很快反馈了回来，有人认为是他渊博的学识；有人认为是他风趣的谈吐；有人认为是他循循善诱的教学方式；有人认为是他兢兢业业的工作作风；有的学生说喜欢他营造的课堂氛围；有的学生干脆说，雒老师的翩翩风度是他们最满意的。

然而，学校对这些答案并不满意。在学校看来，这些闪光之处，也可能是其他教师所具有的，并没有代表性。仓促之中，学校在众多的学生中，选出 100 位最有成就的人。学校认为这 100 位学生的成功，肯定或多或少受到了雒老师的影响。为了得出较为一致的答案，这次的问题很简单：你认为，雒老师的哪一方面对你的人生影响最大？

答案很快就以传真、电话、电子邮件的形式反馈了回来。出乎预料的是，这次的答案居然惊人的一致：**雒老师给他们人生影响最大的，就是他的眼神。**

这下组织者为难了。他们原打算通过问卷的形式，得出答案并把它作为学校的传家宝流传下去，然而眼神这个答案使事情更加扑朔迷离了。

百年校庆的日子很快到来了。庆祝大会隆重地举行，校长讲完话后，便是各界名流致辞。一位知名的教授上台，先向端坐在中央的雒老师深鞠了一躬，然后说：“今天我有幸能站在这里，首先得感谢雒老师。我刚上这所中学的时候，成绩非常差，说实话，那时我已经丧失了信心和勇气。正是雒老师，把我从困难中拯救了出来。母校的问卷调查问雒老师对我们影响最大的是什么，我的回答就是他那会说话的眼神。是的，那时候，同学看不起我，父母对我也失去了信心，然而雒老师的眼神中流动着鼓励和肯定，像一股股暖流，温暖着我自卑和沮丧的心。我就是从他的眼神中得到前进的信心和力量，一步一步走到现在的……”另一位学者致辞的时候说：“上中学的时候，我最讨厌老师的偏袒，比如偏袒成绩好的，偏袒女生。因为讨厌老师，导致我厌学。雒老师公正无私的心底，像一方晴朗的天空，清澈、洁净、透明，从他的眼神中流露出来的是种公正的力量，使我的心也变得晴朗起来……”

发言的学生中，有的认为，雒老师的眼神在严肃中传递着爱意；有的认为雒老师的眼神在安静中透着温和；有的认为雒老师的眼神中蕴满父亲般的慈祥；有的认为雒老师的眼神就是一条汩汩流淌的河流，在不断地荡涤着人的心灵……最后，有一位 50 多岁的教师在事先没被邀请的情况下，上了主席台。他说：“我也是雒老师的学生，而且在一所中学也教了二十几年的书。**我一直有一个心愿，就是想让自己也像雒老师一样，把最美的眼神传递给学生。**开始的时候，我总不能做好，后来我渐渐发现，能够传递这样美的眼神的人，需要并不多，那就是你必须有一个满浸着人间大爱的灵魂。这样的一个人，才会生长出最人性的枝蔓，才会漫溢出爱的芳香。”

他讲完之后，台下顿时响起了潮水般的掌声。在对人的影响上，爱的灌溉和人性的感召，永远胜于其他形式。那一天，学校得到了他们最想要的答案。

每个人都有自己成长的轨迹，彼此按照命运安排的方向前行，唯有**路标在苍茫中兀自伫立，将勇敢和希望默默写在身上。**于是经过路标的所有灵魂，拥有了爱的期待和人性的感召……在过往的日子里，也许，散播阴霾；也许，收获阳光，而我们，总是在这无言、无声、无形却又无所不在的精神力量中承袭寄托与希望。

　　小学二年级，我们换了一位女老师叫华霞菱，刚从北平师范学校毕业，二十岁左右，个子比较高，脸挺大，脸上还长了一些麻子。校长介绍说，她是"北师"的高才生，将担任我们的班主任。

　　华老师对我们非常严格，尤其对一些"坏孩子"特别严厉，我们都认为这个老师很厉害，怕她。但她教课、看作业实在是认真极了，所以，包括被处罚时哭得死去活来的同学，也一致认为她是一个非常好的老师，谁说小孩子不会判断呐？

　　小学二年级，平生第一次造句。第一题是"因为"，我造了一个大长句，其中有些字不会写，是用注音符号拼写的。那句是：

　　"放学以后，看到妹妹正在浇花，我很高兴，因为她从小就不懒惰。"

　　华老师在全班念了我的句子，从此，我受到了老师的"激赏"。

　　但有一次我出了一个难题，实在有负华老师的希望。华老师说"写字"课必须带毛笔、墨盒和红模字纸，但经常有同学忘带使"写字"课无法进行，华老师火了，宣布说再有人不带上述文具来上"写字"课，便到教室外面站着去。

　　偏偏宣布完我就犯了规，等想起这一节是"写字"课时，课前预备铃已经响了，回家再取已经不可能了。

　　我心乱跳，面如土色。华老师来到讲台上，先问："都带了笔墨纸了吗？"

　　我和一个瘦小的女生低着头站了起来。

　　华老师皱着眉看着我们，她问："你们说怎么办？"

　　我流出了眼泪，最可怕的是我姐姐也在这个学校，如果我在外面站

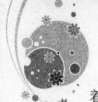

着，这种奇耻大辱就会被她报告给父母……天呀，我完了。

全班都沉默着，大家感到问题的严重性。

那个瘦小的女同学说话了："我出去站着吧，王蒙就甭去了。他是好学生，从来没有犯过规。"

听了这个话我真是绝处逢生，我喊道："同意！"

华老师看了我一眼，摇摇头，叹了一口气，厉声说了句："坐下！"

事后，她把我叫到她宿舍，问道："当×××（那个女生的名字）说她出去站而你不用去的时候。你说了什么来着？"

我脸一下子就红了，我无地自容。

这是我平生第一次受到的最深刻的品德教育，我写到这儿的时候，心仍然怦怦然，不受教育，一个人会成为什么样呢？

我们上三年级，班主任就换了。因此，华老师就不再教我们了，此后也有许多好老师，但没有一个像华老师那样细致地教育过我。

生命之河静静流淌，所有的往事和故人，如同秋风中的落叶，在黑暗中徘徊，在明亮中旋转，只能于记忆的碎片里偶然显见。

华老师俨然成为这些碎片中时常闪耀的一枚太阳。将心灵熠熠照亮。和风细雨般的教诲，荡涤了幼小灵魂的尘埃。这便是灵魂的工程师，将所有尚处制作中的心灵天平悄悄摆正；愿做明镜，高悬于稚嫩的心灵上方，把瑕疵显照于无地自容的境地。

心灵悄悄话
XIN LING QIAO QIAO HUA

人的一生，不需要太多的指点和安排，然而恰到好处的几笔勾勒，足以让灵魂受益终生。良师，在长长的人生画卷上，注定会书写浓墨重彩的一笔。

留在心中的是不变的爱心

生来并非雕塑家，却塑造着无数未成型的灵魂；不是歌唱家，却让生命之泉叮咚作响。这，是何其伟大的一个职业，太阳下，所有人都为之高声赞叹！不是锤的打击。而是水的载歌载舞才形成了美丽的鹅卵石。

冬天的夜，来得早。

电话铃响了。一个稚嫩的童音："是田老师家吗？""是，我就是。"我急忙应道。打电话的是我们班上最调皮的男孩。"明天一早，侯婕要转学回老家。

大家商量明早 6 点在学校门口为她送行。您能参加吗？""当然！我一定准时到达！"我不假思索。"真的?！谢谢老师，再见！"一瞬间，我好像看到了电话那头甜美的喜悦。

整整一夜，我的心一直被什么激动着。几个月前，那是怎样一个班？纪律涣散、习惯恶劣、成绩落后。直到新学年开始，都无人愿接。而今天这一举动又怎么会发生在他们身上？早晨 6 点！天哪，那是黎明前最黑的时候！这坐落在山脚下犹如荒岛的小学校，天一黑，老师们都要结伴而行……我的心乱极了，再想要阻止已没有可能。我细数着钟表的滴答，总算熬过了这一夜。

匆匆洗漱完，抓起背包便冲出家门。

冰冷的黑土，呼啸的寒风，吞并着深沉的夜色扑面而来。奇怪的是，恐惧并没有想象中那样包围我。我加紧步子，心里只有一个念头："愿孩子们安全！"踩过煤渣垫起的小路，穿过仍在沉睡中的矮房，我一口气爬上了陡坡。

几声清脆的童声离我越来越近。"老师！您在等我们？"一个女孩惊喜地发现了我。几个同学如欢奔的羔羊朝我跑来。我张开双臂想要将他们全部拥在怀里，告诉他们我有多么的担心。

校园里一片漆黑，只有传达室透出一点亮光。我和孩子们急步跑向校门，只想稍稍安抚这群受惊的心灵。叫醒了值班的师傅，我来不及过多地解释，只有点点头表示歉意。没有约定，我和孩子们一同在黑暗中开始寻找所有的照明开关。

当一个个并不明亮的灯泡被点亮时，我们都长长地舒了口气。我问他们："是害怕吗？"一个男孩告诉我："不是！打开灯，所有在坡下和山上的同学很容易就看到了教室的亮光，他们就不会害怕了。"望着这些天真无邪的面孔，我眼中的泪水涌动了。"好了，孩子们，待在教室，我要去接没来的同学，等着我！"

站在土坡上，冷风撩拨着我的头发，冷极了！我心里一遍遍在呼喊："孩子们，快让我看到你们！"焦急、企盼、忧虑交织在一起，眼泪冻结在我的眼里。

远处，山坡上传来一群孩子的说话声。我激动得快要跳起来了。"快看！教室灯亮了！""快点儿，咱们迟到了！"几个孩子挥舞着双臂向学校飞奔而来，大大的书包在他们身后一颤一颤。黑暗中闪烁着点点微弱的白亮，那是孩子们精心赶制了一夜的贺卡。

"老师，已经到了25人，还有35个同学没来。"不知何时，我身后已站着一大群孩子。"那好，我们一起来等！"幽深的小土坡下疾跑来一个黑影，跳跃的两条麻花辫在夜里格外醒目。"是侯婕！"几乎是不约而同地欢呼。

侯婕飞奔着扑进我怀里。我不知道在黑暗中，她是如何辨认出我的。"老师，我妈妈病了，我必须回老家读书。刚才，我老远就看见教室里的灯，我知道您来了。"

我紧紧地抱着她。什么也说不出。虽然，我看不清天使的模样，却听到了天使的声音。

天空吞没了最后一颗星星。晨曦里，校门口站齐了我的 60 个孩子。我们注视着彼此冻红的鼻尖和脸蛋儿，在喷吐出的每一口雾气中会意地笑了，那笑容比初升的太阳还要美丽。

这次漫长的等待中，我想起泰戈尔的一句名言：**"不是锤的打击，而是水的载歌载舞才形成了美丽的鹅卵石。"**

是的。虽然在冬季，我却收获了。

其实，只是短短的几个小时，却因为心中有了爱而变得如此漫长；其实，只是清晨一场小小的告别，却由于彼此的真情而使人倍感关怀；其实，只是一名普通的教师和他的六十个甚至顽皮的学生，却在模糊的黎明里托起了一轮冬日暖阳。

捻亮的，远非是几点星星之火；收获的，也不仅是默默地祈祷。在这个原本严寒的时刻里，61 颗挚诚的心，在黑暗中悄悄升华，温暖着彼此的身体和面庞⋯⋯

虽然是冬季，但是他们收获了。在这之前，也许曾经发生了很多误解和伤害，使每个灵魂身心俱疲；而从此以后，多少悲悲怨怨终会被岁月的流水洗刷干净，留在他们心中的，是不变的爱心。

身为爱的使者，你站在孩子的中间，你无私的付出，定会化作收获的美酒，倾入你人生的酒杯⋯⋯

徐老师一心认定念四年级的我不可能写出那样的作文，其实对我是一种极大的"赞美"。

黑板上的作文题目只有四个字："我的嗜好"。

课堂里的秩序一塌糊涂。性子乖顺的，伏在木制的桌子上，挠头搔耳，苦觅灵感；顽皮好动的，化身为孙悟空，在座位旁跳上跳下，惹张三、动李四；被惹恼了的张三李四把作文纸撕下来，折成飞机，满室乱飞。

头发花白的徐老师呢，坐在桌子旁打盹。瘦瘦尖尖好像锥子一样的下巴，一下一下地点着、点着，乍然一看，还以为他坐在那儿欣赏着什

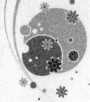

么稀世佳作呢！放学钟声一响，徐老师抬起头来，看着眼前这一大团忙乱的景象，露出了茫然的眼神，好半晌，回过神来，才说："同学们，作文明天早上带来交！"

同学们齐声欢呼，欢欢喜喜地收拾了书包，各自作鸟兽散。

晌午的太阳，是一团炽热的火球，火球下的行人，感觉自己像火山，随时都会爆炸。学校建在地势偏高处，走出校门后，那道与马路衔接的宽宽直直的石梯，总是长得好似永远也走不完。比我大两岁的姐姐敏捷地走在前面，我低着头慢拖拖地跟在后面。姐姐一面走一面回过头来催我："快点，快点！"

头顶上的酷阳，我感受不到；大姐姐的催促，我充耳不闻。我的心，我的思维，全部都缠在刚才的作文题目上。对于功课，我不是一个"面面俱圆"的人。数学、科学，我都"深恶而痛绝之"，独独爱的是语文，尤其是作文，觉得它像是一块糖，愈舔，愈想再舔、再舔。不上作文课时，我便自己在家里写日记，一页一页，乐此不疲，其他功课全荒废了都在所不惜。

在公共汽车上颠颠簸簸将近40分钟，才回到当时坐落于火城的家。草草地用过了午餐以后，便伏在还残留着饭粒的餐桌上大写特写。

作文的题目是"我的嗜好"。我的嗜好是什么？当然是看书喽！

我兴致勃勃地提笔写道：

"我是只书虫，是为了啃书而活的。一爬进书里，闻到了书香，我便觉得我有了生命活力。墨迹将我的身体染得斑斓多彩，粒粒方块字使我瘦瘦的脑子日益壮大。

我父亲的经济能力不是很好，不能时时买书给我，嗜书成瘾的我，天天放学后便往书店跑。书店就在我家楼下，书店老板，和蔼可亲。我常常蹲在书店门口，贪婪地读老板丢在纸箱里那些过期的杂志或是陈旧发黄的书籍。

老板不但没有把我赶走，还常常笑眯眯地把一些卖不掉的儿童刊物送给我。我如获至宝地把这些刊物抱回家去，觉得自己像个小富翁。一本一本慢慢地看，不敢看得太快，很怕一下子便把它们看完了。等到真的看完时，只好又厚着脸皮到书店里看'霸王书'啦！

我是这样的喜欢书，希望来生可以变成一部百科全书，让全天下的人都可以因为读我而受惠。"

一口气写了300余字，重读以后，又修正补上了多处错误遗漏的，才端端正正地写在作文簿的格子里。

次日，交了上去。苦苦地等。

过了几天，当我看到徐老师捧着我们的作文簿进来教室时，立刻好似有只巨大的青蛙窜进我胸膛里，"突突突突"地在那儿跳个不休。

徐老师这天的眼睛，一点也不惺忪，一点也不朦胧；反之，显得有点凌厉，有点生气。他把那叠作文簿用力掼在桌上，以目光将整间课室浏览一遍，清了清沙哑的喉咙，然后喊道："谁是谭幼今？站起来！"

徐老师那铁青的脸色使原本凝结在我心房里那份充满了期待的兴奋感全然没有了，站立起来时，我瘦小的双腿，还微微地颤抖着哪！

他把我的作文簿抽出来，丢在桌上，以质问的语调说道："这篇作文，从哪抄来的，说！"

晴天里发出的这一声霹雳，使我当场呆住了。

从哪儿抄？从我的脑子里抄的呀！望着老师愤怒的脸，我嗫嚅地说：

"我自己写的……"

"自己写？"他抓起了我的作文簿，大力丢到我跟前，武断地说："才四年级，你写得出这样的作文？你想骗谁！"

我低头看见丢到我面前的作文簿，那篇我花了一个下午写好的作文，被老师以粗粗的红笔写上了两个触目惊心的大字："抄袭！"

被人明明白白地冤枉的委屈，不容分辩而当众叱责的那份侮辱，还有，从课室四周射过来的那道道目光，全都化成了一把一把尖锐无比的剑，毫不留情地刺向我薄薄的心叶，从心叶渗出来的鲜血，把我原本苍白的脸，染得好像猪肝一样，赤红赤红的。我的眼泪，大把大把地流了出来，在迷蒙的眼泪里，我听到我自己喃喃地说："不是抄的，真的，是我自己写的。"

"你还嘴硬！"徐老师凶巴巴地逼供，"明天叫你父母来学校见我！"

又没有做错事，干吗要劳动我父母来学校！我一面抽抽搭搭地哭得上气不接下气，一面抓那水里的浮木，说："你去问我姐姐，她读六年级，她亲眼看到我写的！"

他不耐烦地瞪了我一眼，罚我站。在众目睽睽下站了一整节，下课钟响，别的同学到食堂了，他把我留在教室里，差人去把我姐姐找来。严厉地审问一番，实在找不到破绽，便"释放"了我。

不留情面地伤了一名稚子的心，事后却又没有片言只语的道歉。

那一年，我9岁，刚从马来西亚移居新加坡不久，是这所小学的插班生。

这件事情发生以后，我对这所小学，彻底失去了感情；对于那位华文老师的课，也完全地失去了兴趣！

一年后，我转校了，转到成保小学去。在成保小学里，我用心写出来的作文，得到了应有的褒扬；也就在小五的这一年，我开始了我此生不辍的投稿生涯。

隔了许多年的今日，冷静地回想当年那一段往事，我幡然醒悟：徐老师一心认定念四年级的我不可能写出那样的作文，其实对我是一种极大的"赞美"。

可惜的是，当时年仅9岁的我，领悟不到这一点，白白痛苦了好长一段日子。

事情原本就是一个多棱镜，如何看待，其实只有自己能够决定。求学路上，没有人会一帆风顺，事事如意。事情的关键，在于你是如何看待它。

如同这位老师的伤害，将孩子的心送入迷茫中，使之无所期待。于是原本活泼的心，开始踏上苦辣酸甜的蹊径，在忧愁的征途中寻找着夏阳冬雪的落差。

原本不必这样的，有些时候，风雨背后会隐藏着一轮骄阳悄悄绽放，而老师的否定，是因为这轮骄阳早早地显露出希望的头角……

这株幼苗，险些被扼杀在摇篮里，失落绝望找不到归依的方向。然而塞翁失马，焉知非福，转到事情的背后慢慢思考，事情便会如同阳光雨露，充盈着希望。

心灵悄悄话
XIN LING QIAO QIAO HUA

时隔多年，可以不去在乎什么，所有的往事都凝为记忆，蜷缩在旧日的一角。彼时，希望是永不封冻的河流。切莫，切莫把所有的肯定与赞扬都寄托在别人身上。

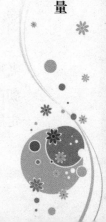

第二篇 爱的力量

播种阳光的天使

　　老师，是人类灵魂的工程师，是播种阳光的天使，是引导人走出荒蛮蒙昧的圣者。但这些全都不能表达我对老师的虔诚敬意。世事沧桑，30 年过去了，但那一夜师生情，却是刻骨铭心，历历在目，宛若昨天。

　　那时，我在县城中学读初二。秋收时节，学校停课以班级为单位下乡支农。我们初二（3）班去一个叫宫山公社的什么小队帮助秋收，拾棉花，㧟山芋叶。晚上就在小队的社屋里打地铺睡觉。我和教语文的王老师睡一个铺，我紧挨在他的身旁，与他共享他的鲜亮的花被单子。那时候农村没有电，无月的晚上，到处黑咕隆咚的。晚饭的碗筷一扔，同学们就忙着在用墨水瓶自制的煤油灯下整理铺盖。如豆的灯光亮不多会儿就熄了。那会儿煤油紧缺难买，一墨水瓶的煤油要点 3 个晚上，不敢照太长时间。疯了一天，干了一天，晒了一天的同学们很快进入了梦乡。

　　我翻来覆去地睡不熟，老想我白天㧟山芋叶时抓住的小野兔。女同学死皮赖脸地夺，声称不给就把兔耳朵揪掉。好男不与女争，我就让了……我想小兔子这时候一定想妈妈了，想吃奶了。女同学会给它奶喝吗？小兔子该尿尿了，我领着小兔子到外面去，到房屋后面，到大路旁。还是山芋地里好，"伙计，尿吧，咱俩一起尿。"

　　天哪，我该死透顶了！我做梦尿了床。王老师的被单子湿透了。王老师睡的地方低，尿肯定把他的被子和身子都湿了。我轻轻地把被单子朝自己的身底下拉，想焐干了事。这时候王老师伸出了胳膊。我想他一定是来扇我的脸或掐我的腚来了，记得弟弟小时候尿床妈妈就是这样整治的。

王老师的手却在我额头上摸摸，轻声说："天亮还早着呢，睡吧。"

天亮？天亮还有脸见人？有一次邻居家的小伙伴尿了床，他妈把被子晾在太阳底下，一手揪着他耳朵，一手指着被子上的尿印儿，骂："不要脸，四五岁了还尿床，丢人现眼！"我已经是十二三岁的中学生，王老师能轻饶我？二三十个男女同学会围着湿被单子指指戳戳，还不把我笑话死，丢死人了。我害怕，怕得打哆嗦淌眼泪。我再也睡不着了，睁着眼睛等天亮后灾难的降临。

我瞅见了门缝的亮，便悄悄地把裤褂穿了，但不敢离开，就坐在铺上，两手扣着后脑勺，默默流泪。

王老师也坐了起来，在我肩膀上拍了一下，温和地说："出去换换空气，活动活动。"**他那年轻的圆胖脸上挂着和蔼可亲的微笑，没有一丝儿责怨。**

我想说王老师我对不起您，没等我说出来，他竟先开了口："对不起，我夜里喝水不小心浇了铺，让你没睡好觉。"王老师边说边把铺头的搪瓷茶缸拿过来对我晃了晃。

直到今天也没有第三个人知道我下乡支农尿床的事。

王老师不是本地人，后来调走了。我不知道他现在何处境遇如何，也不知道他对一个尿床的中学生还有印象否？然而对于我，这"一夜师生情"至今记忆犹新，且将终生难忘。

前些日，我将这件事说给孩子们听。孩子不信，说我又在编故事，哪儿会有这么好的老师。一个犯了错误的孩子，惴惴不安地等待着暴风雨的降临。然而，没有。一切都是那么平静。没有人责怪，甚至有人极力在抚慰不安的心灵。没有伤痛，没有提醒，没有理由，如同流血的伤口被小心翼翼地呵护，不再有钻心的疼痛。

短短一夜间，深深师生情。一夜的阴冷潮湿，一夜的翻来覆去，一夜的担忧思索。黎明时，心也随着光亮的出现温暖起来。

这样的师德，这样的涵养，在寒冷的夜里，任凭感动飞翔，尴尬的细节，云一般轻轻拂过，孩子的脸上，有了彩虹般放心的微笑。

我中学时有个同学，家里很穷，每当缴学费的时候就是他心里最难受的时候。他是班上缴学费最晚的一个，且不足百元的学费大部分都是借来的。寒冷的冬季，班上30多个同学都穿着棉鞋，只有他一个人穿着单鞋。由于家庭困难，他的一双单布鞋整整穿了三年，并且鞋尖破了洞，连脚趾都露出来了。整个冬天他的手脚冻得发肿，像茄子一样。这让他一直很自卑，心里总是渴望有一双属于自己的棉鞋。

初三那年冬天缴学费时他家还是借钱缴的。有一天中午当他在教室门外晒太阳，脱掉破了洞的单鞋，挠肿得发痒的脚指头时被班主任发现了。班主任悄悄把他叫到办公室，告诉他由于自己工作失误这次多收了他30元学费，并要把多收的钱退给他。老师拿起他破了洞的鞋在地上磕了磕说："再厚再好的鞋也有破了的时候，再长的路也有被脚走完的时候。你家困难并不是你的过错，这反而是你勤奋学习的资本和动力。只要你好好学习，你家迟早会好起来的。"

末了，老师让他用这30元钱买一双棉鞋，不要有什么想法和顾虑。班主任老师再三叮嘱他，为了维护老师的面子请他不要告诉任何同学，一定替老师保守这个秘密，他郑重应诺。

为人老实敦厚的他回家后告诉母亲说老师退了30元学费，他母亲高兴地跑到邻居家问是否给他们的孩子也退了学费，邻居都说没有这回事。邻居们认为班主任老师欺骗了他们，赶到学校添油加醋地质问校长并汇报这位班主任老师多收费，不公平，有的学生收得多，有的学生收得少。学校调查后发现他的班主任不但没有多收一分钱的学费，反而给一个同学补缴了部分学费。

最后他用老师退的钱买了一双棉鞋，穿上棉鞋后他脚上的冻疮也好了。老师并没有因为他违反了彼此的约定而责怪他一个字。

后来他考上了大学，毕业后到深圳的一家外资公司工作。

有一年春节他回家探亲，我和他聊起各自求学的艰辛之路。他语重心长地说："幼稚的我那时根本想不到老师退学费的真正用意，现在才终于明白了老师的良苦用心。他不是在给我退学费，而是在用他慈父般的心，小心地捍卫我的自尊，勉励我不向贫穷低头啊！尽管那双鞋我只穿了几年，尽管现在我穿着价格不菲的名牌皮鞋，但总感觉没有那双棉鞋温暖。"

最后他说："老师其实不是在给我买棉鞋，而是在给我指引一条不断向上进取的路啊，在我事业陷入困境的时候，我就会想起那个寒冬的中午，想起那双棉鞋，那双鞋必将温暖我一生。其实一双鞋可以改变一个人的命运。现在每逢节假日我都会给老师送去问候和礼物。老师对学费的事只字不提，他总是重复那句话——再厚再好的鞋也有破了的时候，再长的路也有被脚走完的时候。"

听着他的讲述，我的眼眶不由得热了起来。

瑟缩在冷风中的身影，不再如从前一般黯然哭泣，即使天空依然下着清凉的雨滴，寒冷中迷茫的心灵，却寻到了路的方向。一个声音在耳畔轻语："晴天在你的身后，以美丽的姿态绽放吧。"

一双普通的棉鞋，一个善意的谎言，因为一颗真挚的爱心，拥有了一生的温暖，在孩子的心中久久荡漾，澎湃如潮。

心灵悄悄话
XIN LING QIAO QIAO HUA

付出的是一滴水，涌泉而来的回报足以让人感动。付出的是汹涌的泉，就在感恩的潮水中淹没，拥抱喜悦。纯洁的土地上，一片不了情，一抹欣慰泪。

第二篇　爱的力量

第三篇　师恩难忘

　　"春蚕到死丝方尽，蜡炬成灰泪始干。"这是唐代著名诗人李商隐的名句。我们的老师不也正有这样的精神吗？老师把我们从无知的孩童，培养成德智体全面发展的人，这里凝聚着他们多少的心血和汗水啊！老师，是您给了我们知识，给了我们力量，给了我们战胜困难的勇气。老师，我们永远感谢您！

　　求学路漫漫，这么些年来教过我的老师也已经不在百位之下了。对我有影响的老师其实并不是很多，他们大多只在提高我文化水平上贡献大一些。

　　在做人方面我多是受周围的人的影响。

最难忘的教育

　　活在这个世上，有时候，我们真的应该感谢那些曾经伤害过我们的人。也许，那些并非由衷的赞扬曾经使我们飘然若仙。然而，真正让我们清醒的是那些发自肺腑的痛伤之言。

　　求学路漫漫，这么些年来教过我的老师也已经不在百位之下了。对我有影响的老师其实并不是很多，他们大多只在提高我文化水平上贡献大一些。在做人方面我多是受周围的人的影响。曾经有人做过这样一个测验，测试对象是众多的成功人士，测试者问他们在哪里获得最受益的教育，结果受测试者几乎都回答是幼儿园。他们说自己在幼儿园学会了许多做人的最基本的原则。最使我受益的教育并不是在幼儿园获得的，因为我没有经历过幼儿园阶段，如果说学前班不算作是幼儿园阶段的话。学前班我们都学一些阿拉伯数字还有一些字母之类的，老师是不会像幼儿园的阿姨一般给我们讲故事教我们做游戏的。

　　学前班和一年级是在村小学读的，一所危房，每到下雨的时候我们便不得不停了课挪桌子以防淋水。就是在那样的环境下，我在那里度过了我求学生涯中难忘的两年。由于农村条件不好，我的学前班老师和一年级的老师都是同一个人，如果不是因为其他的某些原因，那么二年级也将会是他教我的。二年级之后我就到了乡上的小学读书，从此再也不用看丑陋的他。他长得有些矮胖，50多岁的年纪，特别喜欢喝酒。他一直在这所破学校教书，一切都显得风平浪静的样子，在他的教学生涯里没有犯过重大的错误也没有取得过很大的教学成绩。他的懒是众所周知的，他想休息的时候就给学生放假。大家都不是很喜欢他的，但是由

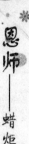
于没有老师愿意来这个鸟不拉屎的地方任教也就只能任由他这么误人子弟了。由于我们这里穷得没有老师愿意来这边教学，一所学校就他一个老师，于是他一个人包揽了两个年级（最多的时候有三个）的所有的课程。可以说他的教学任务是很重的，他的教学质量确实是不敢恭维，能力毕竟是有限的。**就是这样的一个老师，他却给了我一生最难忘的教育。**

刚刚踏入学校的那会儿，我贪玩的脾性还没有改变，在课堂上我没能够好好地听课。第一天上课老师教我们阿拉伯数字"1"的写法，在此之前从没有握过笔杆子的我怎么也写不好，回家父亲叫我展示所学的时候写出来的"1"也像是一条蜿蜒的小蛇，看着有点像是幼儿的图画。记得有一次中午最后一节课老师让我们默写拼音字母，写不出来就不让回家吃饭，结果到最后偌大的教室就剩下我和另外一个女生。我们是怎么也写不出来，最后都饿得哭了。老师拿我们自然也是没辙的，不得不放过我们，最后我是饿着肚子哭着回家的。

和我一起上学的小伙伴们的学习成绩都还是可以的，我在他们中间都感觉有些自卑了，还好他们不会因为我的成绩糟糕而嘲笑我。我的邻居姐姐每次期中期末考试都是能够拿回来一两张奖状的，我看着贴在墙上的橙黄色的奖状甚是羡慕。有一次看着看着我居然说出一句令我自己也感到吃惊的话来，我说这没有什么了不起的，我也可以拿。可是就这一句话并不足以激起我对学习的热爱，何况当时的那句话还有些言不由衷。

在那之后我的成绩还是没有什么起色，我对学习的兴趣还是提不起来。母亲、爷爷他们都是没读过多少书的，读过高中的父亲又是常年在外，在家里谁也不会来管我，我玩累了才会学一点。不懂得爱书的我成绩是一塌糊涂的，那时候真有点抬不起头的感觉。一次课堂上，老师在讲桌上改试卷，我们在下面自习。坐在讲桌附近的我觉得无聊便和同学在下面玩起来，老师看见了很生气。如果我成绩好的话，他或许不会怎么样，他是喜欢学习成绩好的学生的，可是在那时候我的成绩几乎可以

66

在班上倒着数。他气急了把我的试卷揉成团朝我扔过来，嘴里说了一句我这辈子都不会忘记的话，他说我一辈子都将是蠢蛋一个。他是当着全班人的面说的，这对我是多么大的伤害！我不知道他是出于何种目的，羞辱还是激将？以后我没有问过他。也许他早已经把这件事情忘记了，但是我却永远不会忘记。**从此以后我暗下决心要把成绩搞好，我要在他教学年内让他知道我并不是个蠢蛋。**

我凭着一股想要证明自己的勇气，开始认真听讲努力完成作业。课程不很多，经过一段时间的努力我就把老师讲过的知识全部掌握了。很快就迎来了一次单元考，我认真地对待，没想到居然取得了好成绩。看到我这么大的进步，他完全不敢相信，背地里找到我问是不是抄的，我当然否认了。

我知道一次的成绩不足以证明自己，我需要不断地证明给他看，也兑现我在邻居姐姐家夸下的海口。

接下来又迎来了一次语文比赛，我在比赛中再次获得好成绩。老师不得不对我刮目相看了。

在接下来的求学路上我的成绩都是很不错的，甚至成了他的所教过的引以为傲的学生。

在这以后我曾于回家路上多次路过他的教室，但是我没有进去，我不知道该如何面对他，我想他也是不知道该如何面对我。我这样曾经被他看不起的学生在崛起以后跑去看他会不会让他觉得有些尴尬，为他从前对我的漠视和羞辱感到难堪。在那以后我们之间也没有说过一句话。现在他或许已经认不出我了，但是他会记得曾经教过我这么一个值得他骄傲的并值得他一辈子去骄傲的学生。现在他退休回家抱孙子去了，我也有好些年没有见过他了。

我真的是该感谢他的，是他使我找回了自尊，是他让我有了今天的成就。我今天能够写下这样的文字来作为纪念，也都是该感谢他的，要没有他的激将，或许我是要做一辈子蠢蛋的。

也许是无意间情绪化的短短一句，却化成一把利剑刺进孩子娇嫩的

心田。说者本无意，听者却特别留心。于是，有了后来所有的故事，有了故事的过往。

于是，在黄昏里我们转着圈；在悲伤中我们流了泪；在静谧的夜袭来时，我们躲在黑暗的角落默默舔舐自己受伤的心。没有人会在这个孤独的时刻拯救自己，唯有整理行装，重上战场。那么，短暂的伤痛之后，迎接我们的，将会是黎明的曙光。

心灵悄悄话
XIN LING QIAO QIAO HUA

孩子，感谢那些曾经"伤害"过你的师长吧，他们原本是用心的，而正是他们的用心，逼出了你的自尊，你的骄傲。苍茫天地间，无愧于己，无伤于人，傲然挺立人世间，让所有的一切都为你欢唱。

伟大的灵魂塑造师

星子的老师是刚从师范学校毕业的，年轻漂亮，很受星子和同学们的喜爱。

一天，老师在课堂上向同学们提问。老师问："同学们，弯弯的月亮像什么？"学生们几乎是异口同声地回答道："像——小——船儿——"年轻的教师听了同学们的回答后，高兴地说："好，同学们的回答很正确。"

这时，坐在前排的星子举起了手，可是老师没有发现，星子就仍举着手，还喊了一句："老师"。老师听见后，说："星子同学，有什么问题请讲。"星子站起来，眨着那双亮晶晶的大眼睛，说："老师，我看弯弯的月亮像豆角。"老师听完星子的话，一脸的不高兴，她对星子说："你的回答是错误的。全班同学都说弯弯的月亮像小船儿，你为什么偏偏要说像豆角呢？难道就你特别有见解吗？"

班上的同学一阵哄笑，星子的眼窝里满是泪水。回到家后，星子把这件事告诉了曾做过小学教师的奶奶。奶奶说："星子，老师的批评是正确的，弯弯的月亮是像小船，我从前教过的一批又一批学生，他们也都是这样回答的。"星子听完奶奶的话，眼窝里又一次含满了泪水。这件事情以后，星子开始变得少言寡语，她很不喜欢这位年轻、漂亮的老师，在课堂上不敢再向老师提出"特别"的问题……

很快，几年过去，星子考入一所师范学校；又很快地，星子从这所学校毕业。她回到故乡的小镇做了教师。走上讲台的第一课，星子老师穿着朴素、整洁的衣服，笑眯眯地说："同学们，在讲课之前，我首先提一个问题——你们说，弯弯的月亮像什么?"静默一会儿后，学生们几乎是异口同声地回答："像——小——船儿——"星子老师没有说同学们的回答是否正确，她那双美丽的大眼睛，像探视器似的在同学们的脸上扫来扫去。接着，她又问："同学们，有没有和这个答案不一样的?"

一个叫田菲的学生举起手，说："老师，我的答案和他们不一样，我说弯弯的月亮像豆角。"星子老师听后很高兴，说："田菲同学的回答正确。当然，其他同学的回答也正确。**我只是启发同学们在回答每一个问题时，应该大胆发挥你们的想象力。**多想出几个答案：比如弯弯的月亮除了像小船儿、像豆角之外，还像不像镰刀、弓?"对于星子老师的话，学生们报以一阵热烈的掌声。星子老师的脸颊上，浮现出一种从心窝里涌出来的笑容。

几十年后，已退休闲居在家的星子，接到女作家田菲寄来的她自己创作、刚出版的第一部长篇小说《弯弯的月亮》。

星子急忙翻开书，见书的扉页上这样写道：赠给最优秀的老师星子：

感谢您没有扼杀我少年时期富于想象力的天性……

您的学生：田菲

星子看后，脸上又浮现出当年那种很愉快的笑容。

在孩子的眼睛里，世界便是一个美丽的童话，一切变幻莫测，所有的事物都不曾有固定的影像。**所以孩子的世界，是一个离奇的梦想，也是一面脆弱纯净的镜子。**

小小的寄望中蕴藏着大大的梦想，然而，有的破碎，有的衰亡，而星子作为老师，又是那样小心翼翼地栽培这枚希望之种，期待它的发芽和成长。

伟大的成功，从来不是个人造就，正如这想象的种子，有多少被扼杀在童年之中，永世不得萌生出原本应有的辉煌。田菲无疑是幸运的，在朦胧、懵懂之时，那些美好的期许得到了星子老师由衷的赞扬。于是有了后来，有了故事，有了她原本应有的辉煌。

生活的点滴，有其偶然，也有其必然。或许，正是多年以前星子伤心的遭遇，最终使我们失去了一位优秀的作家，却收获了另一位耀眼的作家和一个伟大的灵魂塑造师……

"还有没有更好的办法?"笑容在老师的脸上绽放。教室里静悄悄的。片刻之后，前排的一个小孩站起来，"老师，你把裤腰带解下来，我们一量就知道了。"

我曾在一所小学听数学课。女教师40多岁，胖胖的。讲完厘米、分米和米的概念后，她让学生们测量桌子、铅笔和手臂的长度。两分钟后，被点名的学生报出答案，都得到了表扬，张张小脸涨得红红的，嘴巴笑成了一朵朵花。那些没被点到名的学生着急了，有的站着，有的踮着脚，有的甚至爬到凳子上，高举着手，"老师，快叫我，快叫我!"

桌子、铅笔和手臂的长度都量过了，老师说："我们再找找别的东西测量一下。"老师的话刚说完，我旁边的那个一直没得到机会的瘦个子男孩儿"噌"地站起来，"老师，我想测测你的腰围。"

教室里一下子静了，同学们都转过头或侧过身看着这个瘦男孩，而后又把目光对着老师。老师低头看了一下自己的腰，然后静静地看着那个学生，笑道："好啊，你来量吧。"

小男孩拿着尺子，飞快地跑到老师跟前。他用手按住尺子的一端，让尺子在老师的肚皮上翻着跟头，翻了好几趟，他说出了一个答案："87厘米。""不错，他量得很认真，答案也比较接近。但是，其他同学有没有更好的办法，测得更准确一些?"她的话音刚落，一个胖乎乎的女孩站起来说："老师!我有，我用手。"

小女孩已开始往老师跟前跑了。老师问："你用手怎么量呢?"小女孩说："我一掌是11厘米，我看是几掌就知道了。"老师笑了。小女孩的手在老师的腰上，量了一圈之后，她就报出了答案："89厘米。"

"还有没有更好的办法？"笑容在老师的脸上绽放。教室里静悄悄的。片刻之后，前排的一个小孩站起来，"老师，你把裤腰带解下来，我们一量就知道了。"

我没想到这个小小的孩子会想到这种聪明的办法。老师肯定也没有想到，我看到她在大笑，真正的开怀大笑。老师一边笑，一边真的解下了裤腰带。

小同学量出的是 90 厘米，这当然是最准确的一个答案。老实说，这位老师并不漂亮，但这节课却是我听过的最漂亮的一节课。

难以评述那些只有孩子才能想出的天真无邪的点子究竟孰优孰劣，**我们所不能忘记的，是在整个过程中无一遗漏地串起智慧珍珠的老师，她是多么的伟大。**

爱学生，才会在学生提出各种要求之后欣然地接受而不会顾虑重重，才会就势启发学生继续发散自己的思维，才会在学生漫无边际又聪颖无比地想法中收获快乐和希望。能有这样的老师无疑是完美的，作为这样老师的学生无疑是幸福的。

孩子的心灵是智慧的宝藏，挖掘开启之，徐徐诱导之，慎避伤害之，终将收获之。

心灵悄悄话
XIN LING QIAO QIAO HUA

当我们还是小孩子时，我们懵懂又好奇，我们的思考有着很多突如其来的闪亮，需要温暖的呵护和帮助。启发诱导都不必多言了，在孩子们思想火花迸发的霎那，老师温柔地助燃，发扬光大，最终造就了完美的一课。

难忘的日子

是什么，让老师们诲人不倦，如小河流水，源源不断？

是爱，是奉献。

从教十多年，每每迎来朝气蓬勃的孩子，儿时入学到大学毕业的路，总会展现在我的眼前。它如一条蜿蜒的路，在丛林中留下了点点痕迹，虽斑斑驳驳，却也清晰尚存。前些天，我那母亲般的启蒙老师，一个电话，竟然把本市的几个同学全聚在了一起。那个温馨晚宴呀，乐倒了老两口，也让我们醉回了儿时的梦乡。

如今，**每天手挽着爱女，看着她人模人样地和我交流着，我仿佛又看到了自己，从朦胧混沌走向一片晴朗的天空。**那些曾经如父母一样，携着我走过来的人，那一件件温暖着自己的事，总让我为找不到更合适的方式来报答他们而不安。

农历的八月，禾苗儿刚插入如镜的秧田，还没有洗去泥土。晚归的母亲，除带来了鲜嫩的瓜果，同时也带来了要送我上学的消息。呀，那简直就是梦中乐园，一定是神气极了。我忙着向已经上学的伙伴仔细打听："上学一定好玩吧？都什么样呀？学什么呀？"，得到的回答是："一会儿关起来，一会儿放出来，如果不听话，还要站起来！"我的天，那点儿兴趣一下子全吓没了，对那些管孩子的人，从开始就有了老虎般的害怕。

第一天的报名，我被领到了一个慈祥的女人面前。"你叫什么呀？几岁了？会数数吗？"哈，全是我会的，这些小玩意儿，早在家里就被爷爷教得差不多了。看着那个和母亲差不多大的女人笑嘻嘻地夸着自己，害怕也随着她的笑容和爱抚，早就到爪哇国了。

领了书，我坐到了教室，更乐了。那泥土和砖垒的长桌下放着四个小凳，一排可爱的小朋友，还没等到下课，名字、年龄、爱好比那女人还知道得详细。铃声一响，飞向操场，没玩够，铃声又把我们像赶鸭子似的扫进了教室。也许是高兴过了，老师在上面讲，这边实在忍不住就继续说下去了，竟然还没看到老师已经走到身边，等到耳朵被一只大人的手擒住了，想收已经来不及了。没办法，一天之内，"放出去，关进来，站起来"，给弄全了。

中午，近的孩子全回家了，因为学校离家远，我只好把早上母亲塞在小包里的锅巴拿出来啃。更因为突然空荡荡的教室里，只有自己，一种莫名的害怕和不习惯向着小小的脑袋袭来。更由于那时是春季招生，直接上下学期，拿出书来，上面的字只认识几个，中午的作业又不会写，我当时很想哭，好想妈妈能在身边。

是她，给我端来了自家的午饭，帮我认识了一个个生字，教我从1—9写出了会背的数字。直到下午上课，她一直陪着我，如同带着自己的孩子。这样的日子，直到我二年级自己回家吃饭。

下午上课时，听同学说："上课犯了错误，晚上老师要家访。"那就是意味着要向父母告状。在农村，父母一方面要把老师当贵客招待，另一方面，要在孩子屁股上留下手印，以示警告。这下完了，硬着头皮做好学生，竭尽全力讨老师喜欢，这下午两节课要多乖有多乖，只要老师不家访。

可事实是残酷的。放学的铃无情地响了，回家的队伍早已经集合好了，正猜送队的不知是谁，一看站在最后的那个女人，不是她还是谁。两腿发软呀也得走，只盼望她像别的老师一样，送到半路就回家，那多好呀。每到一个地方，学生少几个，最后只剩下我一个人了。实在忍不住，我说："老师，我认识路，自己回家吧？"她笑了笑："你不欢迎我到你家玩吗？"一句话，把我仅有的一点梦想全丢到水里了，苦呀。

母亲这回比外公来了还热情，父亲这回比公社来了干部还客气。要放在平时，那丰盛的菜呀，我定要多吃，可担心着要挨打，哪有心情呀。奇怪的是，她竟然没说我犯错误，好像还说了很多表扬的话，只看到父母一个劲地高兴，只看到她舒心的笑和不时投来的慈爱的目光。直到她走了，母亲还直搂着我乐，把我吓懵了，也乐懵了。

直到过了几天，自己袖子上多了些标志，其他孩子也对我多了佩服，作业本上多了好多星星，每天中午能吃着更香的饭菜，晚归的途中能听到更多的故事，我才觉得，**除了每天教我读书识字外，她，更像一个慈祥的母亲。**

是她，让我叩开了知识王国的大门；是她，让我发现世上除了生身母亲之外，还有另外的母亲；是她，让我从儿时的梦中，找到了一个五彩的世界；是她，让我在童年的欢乐中，畅游在科学的海洋里。

我依稀记得那乌黑的头发在办公桌边一点点变白，那曾经背着我回家、上医院的矫健身影，那曾经为了鼓励我难过得独自流泪却始终没有改变一片爱心的母亲，是她那张永远带着慈爱的笑脸和孜孜不倦的诲人话语，鼓励着我永远向前。

五年的时光不算长，可每个日夜又是那么长，她一如既往地走着。在那用祠堂改建的村小，她没有抱怨过；在自己动手做粉笔的日子里，她是那么乐观；浇灌着这些满是土的农家孩子，她吃着自己种的、买的蔬菜。

是什么，让一个女人能有着如此的耐心和毅力走到现在？在遇到所有的困难时，包括她丈夫（我的另一位恩师）重病时，她依旧是那么乐观，那么慈爱？物质生活显然不足，名利功劳从未沾边，学子报答更不奢望。到底是什么？这是我多年思考的问题。

今天，当我走过这么些年，当我再次看着自己的孩子时，我有了一些体会和感觉。**人，更多的是靠信念活着，在给予别人更多的爱时，别人也会像光线一样，将温暖反射到你的心田。**是她，真正给我上了人生的第一堂课。

我在那次的晚宴上，把这想法轻轻地告诉了她——我的恩师。

她笑了。

孩子的眼里，很多时候，因为孤单和无助，将自己黯然封闭。于是，闭上眼睛，服从命运的安排，直到老师发现了这一切。于是，慈母般的爱心，无私的关怀，都流露在老师一颦一笑、字里行间。

于是，我们发现，消失已久的温暖的阳光重新洒在自己身上，温馨的喜悦，重新出现在心田。感谢老师的奉献，因为奉献，生活快乐的乐章久久不会止息，所有掉队的孩子不再流泪。因为奉献，往日的阴霾不再，所有的孩子脸上重新绽放了久违的笑容。

心灵悄悄话
XIN LING QIAO QIAO HUA

无论将来我成为挺拔的乔木，还是低矮的灌木，老师，我都将以生命的翠绿为你祝福！无尽的恩情，永远铭记心中。每个成长的日子里，我都要祝福你，我的老师。我最亲爱的老师，你辛苦了！

最好的老师

老师，我愿是一块轻柔的纱巾，为您擦去汗水和灰尘：我愿是一束夜来香，和星星一起陪伴在您身旁。我虽然不是你最好的学生，但你是我最好的老师。

李晓被班主任高老师叫到了办公室。

高老师把试卷摆在李晓面前，用手指了指卷面的分值。

"这不算什么啊，高老师。"李晓说，"真的，算不了什么。"

"为什么?"高老师对李晓的回答感到有些奇怪。

"甲班张三的零比我的零还大。"李晓边说边用手比划了起来，"他的是大零分，我的只是一个小零分。反正没有他的大。"

高老师想笑，但怎么也笑不出口。这样的自圆其说是高老师从事教书生涯二十多年来头一次遇到，让他感到新鲜而又心酸。

课堂上。

"谁来回答这个问题，请举手。"高老师问同学。

刷，一，二，三，四——同学们都争先恐后地举起了手。高老师习惯地环视了同学们一眼，发觉李晓同学也举起了手。

"请李晓同学来回答。"高老师看着李晓说。

李晓站起来，无语。

第二堂课上。

"谁来回答这个问题，请举手。"高老师问同学。

刷，一，二，三，四——同学们都争先恐后地举起了手。高老师习惯地环视同学们一眼，发觉李晓同学又举起了手。

"请李晓同学来回答。"高老师看着李晓说。

李晓站起来，无语。

第三堂课上。

"谁来回答这个问题，请举手。"高老师问同学。

刷，一，二，三，四——同学们都争先恐后地举起了手。高老师习惯地环视同学们一眼，发觉李晓同学又举起了手。

"请李晓同学来回答。"高老师看着李晓说。

李晓站起来，无语。

高老师被弄得丈二和尚摸不着头脑，怎么每次考试都捧"鸡蛋"，怎么这个说别人的零比自己的零还大的同学，每次都举手，却一次也答不上来？

李晓被高老师叫到了办公室。

"李晓同学，你为什么每次都答不上来，却每次都争着举手呢？"高老师和蔼可亲地问。

"不举，不举行吗？"李晓理直气壮，"不举，同学们会怎么看我李晓，我会在班里抬不起头的。"

难怪考试得零分还要说别人的零比自己的零还大。高老师耐心地说："李晓同学，我们来一个约定，以后如果你能回答就举右手，不能回答就举左手。只要你举右手，我就叫你起来回答，好吗？"

"好。"李晓认真地说，"但你不准告诉其他同学，这是我俩的秘密。"

课堂上，李晓依然争先恐后地举手，每次都把左手举得很高很高。

有一课堂上。

李晓忽然史无前例地举起了右手。

"请李晓同学来回答。"高老师看着李晓说。

这是李晓第一次能清清楚楚地回答老师的提问。

高老师注视着李晓，向他满意地点了点头。

有了第一次的李晓自然想着第二次、第三次。

课堂上，李晓举右手的次数渐渐增多了。

李晓被班主任高老师叫到了办公室。

"祝贺你，李晓同学。"高老师指了指他的考试成绩，"你是我们班乃至全年级、全校进步最快的一名学生。"

"这还很差，这个成绩在我们班很多很多的。"李晓说。

渐渐地高老师对李晓举右手只是看一眼，微微点一下头，会心地一笑，因为他每次都只是举右手。

李晓被高老师叫到了办公室。

"祝贺你，李晓同学。"高老师说，"近几学期你都保持了第一名，希望你再接再厉。"

"这还很差，这个成绩在全年级有很多很多的。"李晓说。

几年后。

全省高考状元李晓被媒体争相报道。

几年后。

李晓从某著名学府捧回了博士研究生证书，毕业论文获了奖。李晓到母校看望高老师，只见高老师正在办公室耐心地和学生讲举左手和举右手的秘密约定。李晓听起来非常熟悉，好像又回到了被高老师叫到办公室的那个时代。

"请问老师，要李晓举左手还是右手？"李晓像以前一样站在高老师面前调皮地问。

举起左手，那举起的是自尊；举起右手，那举起的是自信。两只手，哪只也不能放弃。

有谁知道强烈的自尊背后，有着多么大的潜能，在默默无闻的生活中，它只是在期待着转机。

幸好，有这样细心的老师，于是有这种秘密的约定。

于是，**在不停地摸索中，学生渐渐有了谦虚和勇气。直到有一天，右手举起的终于是自信。**老师笑了，脸上虽是微微一笑，内心的笑却如花一般娇艳灿烂。

过去，为了自尊而选择了伪装，然而始终逃不过老师的眼睛。老师选择了另一种方法，通过秘密约定来帮助孩子树立了自信。

风一点一点地打破了冬天的记忆。老师轻轻地牵起孩子的手，引领着他慢慢起舞。谁也不曾知道，在这样的交流中，一个灵魂正在悄悄地发生改变，胆怯的心开始慢慢改变，逐渐地拥有了很多骄傲的回忆。

岁月无痕，总是由近至远；人生有迹，每每点线相连。从童年到青年，从青年到暮年，人的一生如同一条弦线挂在天边。

那是时光的彩虹，那是生命的驿站。

12 岁那一年的秋天，我独自一个人，赶去离家 60 多里的县城读书。刚来到实验中学，进了初一年级二班的教室，看着崭新而陌生的环境，心里充满了憧憬和激动。正当同学们兴致勃勃地聊天时，一位年轻的女老师走进了教室。她微笑着自我介绍："同学们好，我姓夏，是今年刚毕业的大学生，教语文课，我是班主任，希望在以后的日子里，我和大家能够成为好朋友。"

那时我的语文成绩比较好，每次作文课上，夏老师都会把我的文章当作范文来读。慢慢地，我和夏老师就比较熟了。

记得初一那一年的冬天，我得了重感冒，为了不让父母担心，不耽误学习，我没有请假回家，仍然坚持每天上课，到了晚自习下课了，我再一个人去学校旁边的医院打点滴。一个晚上，我躺在医院的病床上，看着药水一滴一滴地流进我的血管，忍受着几天来病痛的折磨，我不禁想起了家，想起了对我照顾得无微不至的妈妈。突然，有人敲门，大夫过去把门打开，当时，我简直不敢相信自己的眼睛，是她——夏老师。我挣扎着要坐起来和她说话，她赶忙走上前去，让我好好躺着。她告诉我，那几天她不知道我病了，从班上的同学那里，她得知我得了重感冒，每天都要输液的消息。她拿过来一个凳子，坐在我的旁边守着我，整整两个小时。打完了点滴，出了医院的门，她用自行车带着我去了她的宿舍给我做饭吃，看着一碗香喷喷的面条摆到了我的面前，我的眼泪止不住地流了下来。

吃完了饭，她把我送出门外，还硬塞给我 50 元钱，让我改善一下伙食。我坚决不肯接钱，她有些生气了："拿着吧，你平时是最听老师话的学生，这次也要听老师的话。生病了要补充点营养，等你以后挣了钱，再把它还我吧。"我的眼眶又一次湿润了。

初三上学期，我们县举行"优质生"考试，选拔出 60 名同学，免试就读县城的重点高中。在初选赛中，我们班入围的有两个人，我考了第一名，夏老师对我寄予厚望，参加复试的前一天，她还就考试中需要注意的细节问题，对我进行了耐心指导。

然而，在复赛的时候，我因为体育成绩不及格，以 0. 12 分之差和优质生失之交臂。当时我的心沉到了谷底，接连半个月，我看不进书，心里充满了愧疚和痛苦。我觉得自己很失败，对不起父母，更对不起对我寄予了无限期望的夏老师。一次早读，她让我去办公室一趟。怀着忐忑不安的心情，我跟着她来到了办公室。她没有责怪我，而是对我说："这次你没有考上优质生，并不意味着你失败了，我仔细查了你的每一科成绩，除了体育，各门功课仍然名列前茅，所以，你还应该充满信心，期末考试马上就要到了，希望在这次考试中，你能重新站起来！"我点点头，对她说"夏老师，谢谢您，我不会让您失望。"她让我从两次优质生选拔考试中，好好总结成功的经验和失败的教训。我一如既往地学习，终于在不久后的期末考试中再次夺魁。拿着自己的成绩单，我看了一遍又一遍，我深深地感觉到，这里面也凝结了夏老师的很多心血。

经过初中三年的学习，我慢慢地成长起来。15 岁那一年的秋天，我离开了夏老师，去了县城的重点高中读书。高中的生活繁忙而紧张，我没怎么去看夏老师。

2001 年高考，我是我们县唯一考上重点大学的文科生，双手捧着中国政法大学的录取通知书，往昔的日子像过电影一样在我的面前展现。我想把这个喜讯告诉夏老师，便四处打听夏老师的消息，一个老同学告诉我夏老师曾经用过的一个手机号。我拨了几次，都无法接通，最

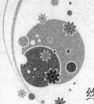

终还是没有联系上她。

再后来，我踏上了北上的列车，开始了四年的大学生活，大学里有很多老师给了我父母般的帮助和照顾。但我仍会时常地想起夏老师，想起她对我的教导之言。每年的新年和教师节，我都会给曾经帮助过我的老师，每人寄一张贺卡，送去学生的一份祝福，唯独应该寄给夏老师的那张贺卡却不知道寄向何方。每当这个时候，我会更加增强对夏老师的想念。

穿越时空，追忆昨天，我们就会发现：那彩虹之所以绚丽，那驿站之所以温暖，是因为老师给了我们底蕴、给了我们光泽、给了我们色彩、给了我们祝愿、给了我们力量、给了我们勇敢……

有人说：**"假如人世上有专门吃苦而造福别人的人，有用粉笔压弯挺直的脊梁的人，有用一方书桌播种着孩子未来的人，有用智慧和血汗去镶嵌唐诗宋词花边的人，那就是老师。"**是的，不管是华发满头，还是青春年少，人们心中始终都不会忘记老师的教导，因为那是岁月凝结的精华，生命浓缩的智慧。

心灵悄悄话
XIN LING QIAO QIAO HUA

老师，我是幼苗，你是雨露，滋润我干枯的心田。我是小草，你是太阳，照耀我成长的路。谢谢您，老师！我们都坐着，老师只有您站着！您站着的时候，我们看见了一棵参天大树，您挥动的手臂摇落了满树的硕果。

上帝派来的天使

有人说，老师您已经找到了自己的位置，其实，您的坐标只在我们心里。还有谁比您站得更高，看得更远？由苍白而绚丽，由肤浅而深邃，生命因你而升华。拥有年轻，梦想即成真；拥有幸福，频频出佳绩；拥有财富，桃李满天下。

在孩子的成长之路上，需要很多种爱，其中尤其重要的是母亲的爱和老师的爱。西蒙斯是一个幸运的人，因为他的母亲也是他的老师，所以从母亲那里，他得到了双重的爱。

西蒙斯在母亲任教的学校读书，在他的班级里，有两个非常令人讨厌的学生：一个是 10 岁的弗兰基，另一个是 9 岁的戴维。他们俩是亲兄弟，学习极差，还留过级，而且喜欢恶作剧，欺负同学，扰乱课堂秩序是他们最喜欢做的事。有一次，他们不知道从哪里搞来一枚小型炸弹，偷偷地放在窗台的角落里；等到上课时，突然传来一声爆炸的巨响，师生们都被吓得尖叫着四处逃窜，好几个同学都尿了裤子，其中就有西蒙斯。

三年下来，他们欺负过班级里的所有同学，可谁也拿他们没办法。

一天下午，西蒙斯骑着自行车走在回家的路上。"快滚开，我来了！"弗兰基的叫喊声还没有停下来，他已经骑着车子冲过来了。西蒙斯来不及躲闪，被他们狠狠地撞入了路边的一条深沟里，自行车又重重地压在他身上，摔得鼻青脸肿，头上还磕了个大包。弗兰基看到已达到预期效果，幸灾乐祸地吹着口哨，扬长而去。

西蒙斯狼狈不堪地赶回家，尽量把泥污和血迹清洗干净，希望母亲不会看出来，否则，她一定会告诉校长惩处弗兰基，那样既不能彻底制服弗兰基，却反而害了西蒙斯，弗兰基一定会找他报复的。

可是头上的大包又青又紫，怎么能瞒过母亲锐利的眼睛呢？晚上，在母亲的再三追问下，西蒙斯只好把自己受欺侮的过程讲了出来，并且一再恳求她不要报告校长。

母亲看着西蒙斯额头上的大包，从愤怒中渐渐平静下来，过了一会儿说："那好吧，明天我去找他们谈谈。"

第二天，西蒙斯总是心神不宁，担心有更大的灾祸在等着他，放学时，怕再遇上弗兰基，还特地绕了远路回家。等母亲下班后，带给西蒙斯一个好消息："他们再也不会来欺侮你了。"

西蒙斯猜测母亲一定是报警了，让警察把这两个作恶多端的坏孩子抓进了监狱里，这下好了，没有什么好担忧的了。

但是，母亲告诉他："今天，我特意去查了弗兰基兄弟俩的档案，他们的父亲早逝，母亲又失踪了。兄弟俩靠姑姑养大，生活条件很差。而且，教过他的老师还告诉我，兄弟俩小时候常常遭到他们母亲的毒打。所以他们才变成现在这个样子。"母亲停顿一下，像是自言自语地说："**一个没有得到过爱的人，怎么能懂得去爱别人呢？**"

原来，那天晚上放学后，母亲把弗兰基叫到了办公室，问他是否愿意当她的助手，每天替她准备些教具，她给他一定的报酬。如果工作得好，周末时还会让他们兄弟俩和西蒙斯一起去看电影。

让他跟他们一起去看电影？愤怒和恐惧一下子涌上心头，西蒙斯当即表示反对，"我不去。"

"不，你应该去。"母亲说，"他们需要别人的关爱与尊重。只有爱才会教会他们去爱。"

到了周末，西蒙斯十分勉强地随母亲去了弗兰基的住处，接他们兄弟俩去看电影。母亲告诉他们的姑姑："弗兰基这一星期在我这里工作表现不错。我相信他弟弟戴维以后也能来帮忙。"他们的姑姑听了连声道谢，她从来不敢奢望有人会夸奖她的侄子。

在去电影院的路上，大家彼此都很尴尬。西蒙斯偷偷瞥了弗兰基兄弟俩一眼。这两个家伙竟然一反常态，规规矩矩地坐在后座上。这时，弗兰基首先打破了沉默，他郑重地向西蒙斯表示道歉："实在对不起，那天我把你撞到了沟里。请你原谅！"态度极为诚恳，垂着眼睛，看样子很羞愧。最后他还向西蒙斯保证，以后再也不会欺负任何人。

弗兰基出乎意料的表现，反倒弄得西蒙斯不知所措。在母亲的提醒下，西蒙斯接受了他的道歉，并且不会把这件事情记在心里。

奇迹出现了，从那以后弗兰基兄弟俩彻底改邪归正了，母亲用爱教会了他们去爱。

医生治愈人类肉体的伤痕，老师，孕育了人灵魂！

一生平凡，一世艰辛，默默把知识奉献，您是文明的使者，您是辛勤的园丁，衷心感谢您，祝您健康快乐！

一路上有您的教导，才不会迷失方向；一路上有您的关注，才更加地自信勇敢… 老师，谢谢您！一刻关怀永在心，长成栋梁报答您。

小时候，基恩是一个顽劣的孩子，无论在家里还是在学校，周围的人都非常讨厌他。然而，他在心里却渴望着大家的关爱，就像人们渴望上帝的关照一样。每当他独处的时候，常常默默祈祷：上帝啊，给我善良，给我宽厚，给我智慧！他在暗地里也希望自己成为同学们的榜样。可是，上帝却偏偏在他祈祷的时候，患上了耳疾，从来没听到过他的祈祷，所以他的愿望从来没变成过现实。他依然是个令人讨厌的坏孩子，因为他的恶作剧，甚至没有老师愿意到他们班来上课。

二年级的第一学期，学校里来了一位新老师，她就是年轻的玛丽娅小姐。玛丽娅小姐刚一站到讲台上，她漂亮的容貌让教室里立刻沸腾起来。基恩带头吹起口哨，向她飞吻、往空中扔书本，很多男生跟他学，他们的吵闹声几乎要把屋顶掀开。

玛丽娅小姐没有像其他老师那样大声叫嚷："安静！安静！"她始终面带微笑地看着他们。这样反而让基恩感到很无聊。于是，他打了一

第三篇 师恩难忘

个手势，示意大家立即停止胡闹。教室里渐渐安静下来，玛丽娅小姐开始自我介绍，当她转身想把自己的名字写到黑板上时，才发现讲桌上没有粉笔。基恩注意到她的眉头皱了一下，但是很快又舒展开了。他心想，糟了，她肯定识破了他们的把戏。但是，玛丽娅小姐却转过身来问："谁愿意替老师去拿盒粉笔？"刚刚平静下来的教室再次沸腾了，怪声怪气的笑声再次淹没了整个教室，好多男生争先恐后举起手。

玛丽娅小姐让大家安静下来，她说她会挑一个很合适的人选去拿粉笔。玛丽娅走下讲台，仔细瞧着每一个人，最后她在基恩的桌旁停下脚步，说："基恩，你去吧。"基恩抬起头，反问道："为什么是我？"

她注视着基恩的眼睛，说："因为我看得出你很热情、机灵，又具有号召力。我相信你会把事情做得很好。"

"热情？机灵？基恩有号召力？"基恩在心里默默重复着玛丽娅小姐的话。简直不相信自己的耳朵，自己竟然有这么多优点？玛丽娅一眼就看出了他的优点！**要知道在这之前从未有人夸奖过他，甚至连他自己都认为他是一个被上帝抛弃的孩子。**

基恩跑出教室，来到教室后面的草丛里，取出一盒粉笔又跑回了教室。当他正要把粉笔递给玛丽娅小姐时，他发现他的手指甲缝里存满了污垢，衬衣袖口开了线，裤腿上溅满了泥点，更糟糕的是他的5个脚趾全从鞋里钻了出来。他不好意思地低下头，可玛丽娅小姐一点儿也不在意这些，她接过粉笔的时候给了他一个天使般的微笑。

基恩确信：玛丽娅小姐就是上帝派来的天使。从那以后，他决定做一名积极向上的好学生。他开始刻苦努力学习，小学毕业后升入中学，最后成为英国牛津大学著名心理学教授，他的学术成果曾多次获过国际大奖。

在一次接受记者采访时，记者问基恩是什么促使他取得了今天的成就。基恩笑着说，他在读小学二年级的时候，上帝将天使派到他身边，每天天使都在注视着他。

萤火虫的可贵，在于用那盏挂在后尾的灯，照亮别人；老师的可敬，则在于总是给别人提供方便，不求回报，是谁把雨露撒遍大地？是谁把幼苗辛勤哺育？是您，老师，您是一位伟大的园丁！看这遍地怒放的鲜花，哪一朵上没有您的心血，哪一朵上没有您的笑影！当我们从不懂中走来，蹒跚地沿着知识的阶梯拾级而上的时候，总有人在身旁牵引我们的手，我们知道，那就是您，亲爱的老师。

心灵悄悄话
XIN LING QIAO QIAO HUA

一个迸射火花的身躯，肩挑着一个传诵至今的壮举，明天因你而美丽！也许有一天，老师在您再也站不起来的时候，我们都站起来了，在您的微笑中我们站成了一排排苍翠的大树……

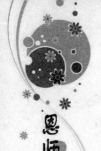

老师是一片温暖的烛光

　　老师，您是四月的雨，您染绿了整个世界，却润物细无声，老师，您是挺拔的大树，您身边崛起的棵棵小树，在你身上镌刻下了一道苍老的年轮；老师，您是强劲的风，您用自己的力量帮助我们扶摇而上，不管是在数九隆冬，还是在夏季三伏，您总是那么站着，以饱满姿态唤起我们心底的热情，点燃我们智慧的明灯，那支支粉笔正勾刻着您额上的皱纹，染白您的双鬓；老师，您是一轮明月，吸纳了阳光的金色，在漆黑的夜晚引领我们度过漫漫长夜，走进今晚的月光，温存的月色轻轻拂过，就像老师挥动他智慧的手臂，走近你……秋月顿明，育人不悔；老师是一缕清风，无拘无束拂面而过，清新温润。用心感受细细的风声，像警示又像劝诫，依然的思绪，依然的心态，却让人收获了无数的快乐，老师是一片温暖的烛光，照亮了你，也照亮了我。片刻，我仿佛看着一丝丝温暖的烛光在我眼前飘过，他们默默燃尽了自身，把光和热无私地送给了我们。**点点烛光情，悠悠映我心，我感动这样的烛光，我祝福我们的老师，我感谢我们的老师，感谢他们为我们筑起高墙的温暖，感谢他们为我们拔掉成长路上荆棘，铺就疾跑路上的平坦……**

　　我开始懂得了上帝将那么多学生交给我，不仅是让他们能够学习，而且是让我也能够学习。

　　1959 年，我在密苏里达州莫里思市的圣玛利学校做实习教师，教小学三年级。我很爱我的学生，特别是马科·克鲁斯。这男孩很有教养，时常不忘说"请"和"谢谢"。但是，和他这个年纪的其他孩子一样，他也很顽皮。有一次，因为他不守纪律，我把他关在衣帽间，没想到他竟从窗户翻到壁炉再到屋顶，跑了出来。在课堂上他有时还管不住自己的嘴巴，忍不住要说话。尽管如此，我也不会老生他的气，每次我向他指出缺点，他都会谢谢我。而且，他是那么快乐，充满了活力，只要看看他，我就禁不住会微笑。

那年的教学经历也不总是愉快有趣，为保持课堂纪律常弄得我筋疲力尽。更糟的是，我曾失声达35天之久。我学会了简明扼要地向学生阐明我的观点，以引起他们的注意，如果这一招不奏效，我便做出我的学生称之为"十三点"的怒目圆瞪的面孔，他们一下子就安静下来，就连马科也不例外。

虽然实习教师在工作中犯错误在所难免，但我对马科却犯下了一个最大的错误。一天，尽管我一再地提醒，马科自己也特别小心，但他还是忍不住要在阅读课上说话。我失去了耐心，对他说："如果你再说一个字，我就要把你的嘴巴用胶带封起来！"我从没想到要实施这个威胁。谁料不到10秒钟，一个学生报告说："马科又在说话了！"

我想如果这时还不做点什么，恐怕学生以后将会无视我的权威。于是我打开抽屉，拿出胶带，一言不发，走到马科的座位前，用胶带在他的嘴上贴了一个大叉。我走回讲台，边看书边打量马科。他向我皱皱眉，胶带起了作用，我禁不住大笑起来，学生们也哄堂大笑。我耸耸肩，走回马科的座位前，撕下了他嘴上的胶带，全班一阵欢呼。马科仍然很有教养地说："谢谢老师对我的帮助。"

正是通过这件事让我懂得了千万不要在大庭广众之下威胁一个学生，也不要在其他学生面前使一个学生难堪。

第二年，我被调去教初中的数学。五年后，马科又出现在我教的八年级的班上。他还是那么活跃，不过已经学会了在课堂上不随便讲话。对他和其他同学来说，数学是一门较难的学科。那是在一个星期五，我敢肯定，学了一周的代数，他们都已筋疲力尽了。这时我突然想到一个主意。因为在把学生的作业本发下去之前，我总要写上几句评语，现在我想知道学生们怎么评价自己的同学，于是我给他们布置了一个即兴的作业。

我叫学生把作业本放在一边，拿出一张白纸，写下每一个同学的名字，在名字的下边，写下他们认为的各个同学的优点。那堂课的其余时间，他们便埋头做这个作业，我也写我给他们的评语。观察他们做这个作业还真有趣。我可以看出他们正写着的是谁，他们常常抬起头来，看着一个同学，寻找灵感，然后眼睛会突然一亮，埋头疾书一阵，接着转向另一个同学。那个周末我为每个孩子写下了评语，先抄下同学写的，再在最后写下我的。我想象着当他们读到别人记下的自己身上的优点时，他们该是多么高兴啊！

星期一我把作业本一发下去，全班都在微笑。"我从来不知道对别人那意味着什么。"我听见一个学生说。"我不知道自己是那么逗人喜欢。"另一个说。

后来再没人提起这堂课。但是这次作业收到了预期的效果——**他们对自己充满了信心，对同学充满了喜爱，而且更加热爱学习了。**

这学期结束后，马科升入了高一年级，我也和他的家庭熟悉起来。他高中毕业后，我们保持着通信联系。越战期间，他从越南写信给我，告诉我他对战争和死亡是多么害怕。他说他常常做噩梦。我回信给他，告诉他我每天都在为他祈祷，我还把我现任班上的趣事写信告诉他。

1971 年 8 月的一天，我休完假回家，父母到机场迎接我。回家的车上，母亲问了我一些旅途上的事以后，大家都沉默下来。我母亲瞥了父亲一眼，父亲清了清喉咙，这是他要宣布重要事情的前奏。"克鲁斯家昨晚来电话"他开始了"马科在越南阵亡。明天将举行葬礼，他们希望你能参加。"我现在还能回忆起父亲是在我们的车开到哪里说出的这段话。

教堂挤满了前来吊唁的人。我排在最后一个，从马科的棺材前走过。我心里的想法只有一个："马科，只要你能重新说话，我愿意把世界上的所有胶带都清除掉。"到了基地，一个年轻的士兵走上前来，

"您是马科的数学老师吧?"我点了点头,他说:"马科时常谈到您。"

葬礼过后,我们到马科的家去,马科的父亲对我说:"我们想请您看一样东西。"他从口袋里掏出一个钱夹,"他们在马科的身上发现了这个,我们想您一定认得它。"他打开钱夹,从中间抽出一张破旧的纸,看得出来,它曾被重复地打开又折上过无数次。我不用读它,一下就知道了这是那张纸,上面是马科上八年级时同学们列出的他的优点。

"老师,感谢您安排了那次作业,"克鲁斯先生说,"马科一直珍藏着它。"

一大群马科的同学围了上来看那张单子。查理不好意思地笑着说:"我也保存着那张单子,它在我家书桌的最上边一个抽屉里。"

卡科的妻子说:"卡科要我把他的那张贴在我们的结婚相册里。"

"我也还保存着,"玛丽莲说,"在我的日记本里。"

薇婕掏出了她的钱袋,把她的那份揉皱的单子拿给大家看。"我到哪儿都带着它。"她说,"我想我们都还保存着自己的那一份。"

我禁不住失声痛哭。

诚然,我对学生的鼓励在他们的成长中起了非常重要的作用,但更重要的是,我从马科的身上也学到了很多东西。那时我只是一个实习教师,但正是从那时起,我开始懂得了上帝将那么多学生交给我,不仅是让他们能够学习,而且是让我也能够学习。现在我在大学任教,每当回想起过去,我都觉得应该把马科看成我最伟大的"老师"——那个顽皮的、爱说话的、总是微笑的小男孩教会了我要宽容待人,这是我不可或缺的一课。现在我正在教给我所有的学生这门课。这就是我所想到的最好的纪念马科的方式。

在平淡中度日,没有额外的惊喜也没有太大的失落。月升日落的交替,麻木得近似机械,光阴荏苒的角落,珍藏着儿时的回忆。也许,只是幼稚的寥寥几语,涂鸦的孩子完成任务似的松了一口长气,真挚的情感,却温暖了另外一颗平淡的心。

一方小小的天空,因为肯定而变得与众不同。多年以后,激动的喜

悦总也挥之不去，于是，满怀感激。殊不知，站在窗内看风景，风景也在窗外看着你。

互相的欣赏，塑造了一个英雄，延长了一个生命。灵感般的关怀，抵消了原本的失落和孤寂，简陋的纸片，跨越岁月的侵蚀，保存在每个人的怀念中，扎根在一生的记忆里。

懂得欣赏，最为重要。

心灵悄悄话
XIN LING QIAO QIAO HUA

　　每个人都渴望得到别人的关怀和重视，没有人会刻意去要求些什么，已然得到的，敝帚自珍，弥足宝贵。

有一种爱无与伦比

有一种爱无与伦比，有一种情无法忘记，那就是老师的爱和情。有人说，老师您已经找到了自己的位置，其实，您的坐标只在我们心里。还有谁比您站得更高，看得更远？

童年时敏感脆弱的心灵，容易被一些简单的伤害所侵犯，而那伤口，却也会被另一些平凡的故事，渐渐抚平。

八岁之前，我是颗全校公认的开心果，天真灵动的大眼睛在课堂上四处流窜，清脆明亮的笑声被誉为"校广播站"的提示音乐。童年的快乐，无所顾忌。

八岁时，发生了一件事，改写了我的一生。

其实那不过是一次小小的意外。新班主任偶然想起要我重权在握的老爸调去她一个八竿子打不着的远方亲戚，一头雾水的老爸随口说那过来面试吧，话筒中传来一声不屑地闷哼，而后，整个话筒被重重地摔落，似乎预示着我厄运的开始。

"日理万机"的老爸很快忘记了这不愉快的一幕，而年轻气盛的班主任却念念不忘这番冷遇。

八岁的记忆，本该是我人生最重要的转折，遗憾的是我只能给出一片空白。

回忆令人疲倦，而非疼痛，或者是我早已麻木的结果。其实班主任并没有错，或许，她只是为了宣泄一时的怒气而大发雷霆，暴跳如雷。每个人都有权利愤怒，但她忘记了，自己所面对的，是一个天真无辜、猝不及防的孩子。

到现在，我从来不曾试图去回想，怒容满面的年轻女教师对我做了一些什么，怒斥，还是体罚？既没有结果，也毫无意义，因为最直接的后果就摆在那儿——那天之后，一向活泼好动的我忽然缄口不言、噤若寒蝉，甚至连亲戚朋友的问话，我都拒不作答……一周之后，医生对着哭成泪人的老妈长叹一声，说你的女儿生理功能完全正常，而之所以失声，是受到心理创伤之后的自闭。

一个月之后，面对百般诱导的老妈，我说出了第一个字，在那个轻得不能再轻的象声词里，老妈再次泪如雨下。

但我曾经的天真烂漫不再，曾经的清脆童音不再，我几乎只会嗫嚅着说话，含糊不清得让所有任课老师都懒得提问我。

一年之后，新换的班主任看到我，立刻家访，第一句话是，这孩子是不是被继父或后母所虐待？

朋友们不再愿意和一个声若蚊蝇的伙伴玩耍，甚至卖冰棍的大妈也颇为费力才能弄清我需要什么……很多年后我回忆起那段岁月，用这句话来形容自己的感觉，"许多人围成一个圈子在游戏，而我则站得很远很远，永不可能与大家融合。温暖的阳光下，我的心灵，寒冷如冰。"

性格上的巨变让我的成绩急转直下，成为一名沉默害羞的"差生"。尽管所有曾夸我冰雪聪明的老师，都愿为我义务补课，却迟迟不见好转。

六年级的时候，来了一位号称"铁腕"的班主任，第一节语文课上，要宣布课代表的时候，所有的人都翘首以待，唯有我埋低了头如坐针毡，忍受着被老师点名的危险。那真是种煎熬——尽管我自信绝不会被最重视口才的语文老师选中。

在班主任洪亮的笑声里，全班哗然。"我选中的是一个老实人，老实到连话都说不完整说不清楚。"

我呆住了，不知道他为什么要和安分守己的我作对，让我承担起如此巨大的麻烦。

更加恐怖的还在后面，班主任让出了讲台，要我做一个简短的就职演说。

我鼓足勇气站起身，喃喃自语："老师，我的语文成绩不够好……"

老师眯起了眼睛问："你说什么？同学，请大声点！"

我咬了咬牙，把自己的话重复一遍。

老师皱起了眉再问："同学，你的声音——能不能大一点、再大一点？"

所有人的视线火辣辣地集中在我身上，失落的记忆忽然在此刻复苏，热泪夺眶而出，我似乎又回到了几年之前，手无寸铁、被当众训斥羞辱的场景。一股热流冲顶而出，我不顾一切地大声喊道："老师，我说我的语文成绩不够好！"

老师铁青的脸色忽然和缓下来，他走到我面前，盯着我的眼睛，慢慢地、一字一句地问："你能有勇气，如此大声地当众而喊，难道就没有勇气，改写你的分数吗？"

我呆住了，热血凝固在发烫的脑海里，耳边所震荡着的都是方才的声音：同学，请大声点，再大声点！

在生命里真实地大声喊出自己的话，我能做到吗？

那天回家，我第一次有了一种写作的冲动，提起笔，写出一篇题为《窗外》的文章。"那层顽固的玻璃，牢牢禁锢着我的心灵，让我无法释放自己。而我，忽然听到了来自窗外的召唤！"

这召唤，却始终是模糊不清的，那仅仅是一个人的大声疾呼。

尽管我的学习成绩一日千里，令父母和老师喜笑颜开；尽管我开始捧回大大小小作文竞赛的获奖证书，令同学们艳羡不已。但文字并不代表语言的全部，写作并不能够解决我对当众演讲的恐惧，那是深植于我心底的，致命的创伤。

小学毕业前夕，奉老师之命到低年级介绍学习经验。望着台下人头攒动，我忽然一阵晕眩，竟一个字都吐不出来。

孩子们静静地期待着，我努力鼓起勇气想要说些什么，话一出口，

却变成了呓语般的悄无声息。台下无数亮晶晶的眼睛，只能平添我的愧疚和恐惧。

在我满头大汗的时候，有一只温暖的手紧紧握住了我。抬起头，是后排听课的一位老师，花白的头发，饱经沧桑的皱纹，却掩饰不住唇边那慈爱的微笑。在她越来越浓的笑意里我听到似曾相识的几个字：同学，请大声点！

我愕然地望着她，这位素昧平生的老师，她的笑容，不是幸灾乐祸的嘲讽，而是发自内心的亲切：**同学，大声点，请再大声一点！告诉听众你的观点，自信地告诉大家，你是对的。**

在她的悄声劝慰里我擦干了急出来的泪水，尽全力去大声念出自己写在心灵里的每一个字——如果你也能够和我一样，从沉默寡言、缄口不语到可以大声疾呼，那就证明你可以和我一样挑战并且征服自我。一个人连自己都不怕，还需要怕什么呢？

一口气讲完了想要说的，却哑然而笑，笑自己的讲演选错了对象。台下的孩子们睁大了天真的眼睛，似乎根本无法理解我在说什么。凭空传来的一声清脆掌声，来自始终站在我身旁默默微笑的那位陌生老师。

十年之后，站在千人汇聚的讲台上，用英文一字一句朗诵出这段话的时候，我洪亮的声音和真挚的情感，引起全场掌声如雷，不绝于耳。

那一刻，我心中空空如也，除了"感激"二字。感激两位曾经帮助过我的老师，在我脑海中，他们的影像或许会渐渐模糊，而历久弥新的那句话，早已升级为我人生道路上的座右铭。

如果你是我，你该也会用那句刻骨铭心的话来时时激励和警醒自我，一如在心灵某个最脆弱的时刻，他们曾经提醒过我的声音：同学，请大声点！

幼小的心，在伤害中紧闭了门。无论谁也找不到开启的方法。于是，岁月在这样的无奈中流着忧伤的泪水。

一天，一个背负着天使使命的人，来到尘封已久的心灵之门。积蓄了爱的力量，稍稍开启了丝微的缝隙，将阳光射进来，使整个生命重新焕发光彩。

仿佛点燃的星星之火，瞬间在心中掀起光芒万丈。

心灵悄悄话
XIN LING QIAO QIAO HUA

有了你，我的一生才精彩!! 谢谢你! 我的老师! 由苍白而绚丽，由肤浅而深邃，生命因你而升华。

第三篇 师恩难忘

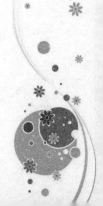

第四篇 辛勤的"园丁"

　　尊师是中国传统的美德,俗话说:"老师是辛勤的园丁,哺育着祖国的花朵。"园丁是一个崇高的称号。大爱无言,真爱无怨。是恩师的白发告诉了我们,爱是春晖融雪,爱是雪中送炭;爱是沙海绿洲,爱是生命之源。是恩师的背影告诉了我们,爱是一种给予,爱是一种奉献;爱是一种感恩,爱是一种怀念!

　　因为不懂,也因为释然,所以记忆中的那盏灯光,也长久地点亮在孩子的心中,照耀着人生之路。

　　深奥的哲理般的感悟,也伴随似雾非雾的感觉,慢慢变得清晰。

老师的理解

也许，你的一生，超越过许多坎坷、踏上过无数道台阶，终于步入辉煌，攀上了顶峰。请你面对清风明月，扪心自省。**你可记得，每一道沟坎，每一步阶梯，有几位老师搀扶你前行，用肩膀托你到高处去领略人世的风景。**

1956 年，我 7 岁。

7 岁的我感到家里发生了什么大事。

我从外面玩回来，母亲见到我，哭了。母亲说："你父亲死了。"

我一下懵了。我已记不清当时的自己是什么反应，没有哭是肯定的。从那时我才知道，悲痛至极的人是哭不出来的。

父亲突发心脏病，倒在彭城陶瓷研究所他的工作岗位上。

母亲那年 47 岁。

母亲是个没有主意的家庭妇女，她不识字，她最大的活动范围就是从娘家到婆家，从婆家到娘家。临此大事，她只知道哭。当时母亲身边 4 个孩子，最大的 15 岁，最小的 3 岁。弱媳孤儿唯指父亲，今生机已绝，待哺何来！

我怕母亲一时想不开，走绝路，就时刻跟着她，为此甚至夜里不敢熟睡，半夜母亲只要稍有动静，我便哗地一下坐起来。这些，我从没对母亲说起过，母亲至死也不知道，她那些无数凄凉的不眠之夜，有多少是她的女儿暗中和她一起度过的。

人的长大是突然间的事。

经此变故，我稚嫩的肩开始分担家庭的忧愁。

就在这一年，我带着一身重孝走进了北京方家胡同小学。

这是一所老学校，在有名的国子监南边，著名文学家老舍先生曾经担任过校长。我进学校时，绝不知道什么老舍，我连当时的校长是谁也不知道，我只知道我的班主任马玉琴，是一个梳着短发的美丽女人。在课堂上，她常常给我们讲她的家，讲她的孩子大光、二光，这使她和我们一下拉得很近。

在学校，我整天也不讲一句话，也不跟同学们玩，课间休息的时候就一个人或在教室里默默地坐着，或站在操场旁边望着天边发呆。同学们也不理我，开学两个月了，大家还叫不上我的名字。我最怕同学们谈论有关父亲的话题，只要谁一提到他爸爸如何如何，我的眼圈马上就会红。我的忧郁、孤独、敏感很快引起了马老师的注意。有一天课间操以后，她向我走来，我的不合群在这个班里可能是太明显了。

马老师靠在我的旁边低声问我："你在给谁戴孝?"

我说："父亲。"

马老师什么也没说，她把我搂进她的怀里。

我的脸紧紧贴着我的老师，我感觉到了由她身上散发出来的温热和那好闻的气息。我想掉眼泪，但是我不想让别人看见我的泪水，我就强忍着，喉咙像堵了一大块棉花，只是抽搐，发哽。

老师什么也没问，老师很体谅我。

一年级期末，我被评上了三好学生。

为了生活，母亲不得不进了家街道小厂糊纸盒，每月可以挣18块钱，这就为我增添了一个任务，即每天下午放学后将3岁的妹妹从幼儿园接回家。有一天临到我做值日，扫完教室天已经很晚了，我匆匆赶到幼儿园，小班教室里已经没人了，我以为是母亲将她接走了，就心安理得地回家了。到家一看，门锁着，母亲加班，我才感觉到了不妙，赶紧转身朝幼儿园跑。从我们家到幼儿园足有公共汽车4站的路程，直跑得我两眼发黑，进了幼儿园差点没一头栽倒在地上。进了小班的门，我才看见坐在门背后的妹妹，她一个人一声不吭地坐在那儿等我，阿姨把她交给了看门的老头，自己下班了，那个老头又把这事忘了。看到孤单的小妹一个人害怕地缩在墙角，我为自己的粗心感到内疚，我说："你为什么不使劲哭哇?"妹妹噙着眼泪说："你会来接我的。"

那天我蹲下来，让妹妹趴到我的背上，我要背着她回家，我发誓不让她走一步路，以补偿我的过失。我背着她走过一条又一条胡同，妹妹几次要下来我都不允，这使她感到了比我更甚的不安。她开始讨好我，在我的背上为我唱她那天新学的儿歌，我还记得那儿歌：

洋娃娃和小熊跳舞。

跳呀跳呀一二一。

小熊小熊点点头呀，小洋娃娃笑嘻嘻。

路灯亮了，天上有寒星在闪烁，胡同里没有一个人，有葱花炝锅的香味飘出。我背着妹妹一步一步地走，我们的影子映在路上，一会儿变长，一会儿变短。两行清冷的泪顺着我的脸颊流下，淌进嘴里，那味道又苦又涩。

妹妹还在奶声奶气地唱：

洋娃娃和小熊跳舞，跳呀跳呀一二一。

是第几遍重复了，不知道。

那是在为我而唱的，送给我的歌。

这首歌或许现在还在为孩子们所传唱，但我已听不得它，那欢快的旋律让我有种强装欢笑的误解，一听见它，我的心就会缩紧，就会发颤。

以后，到我值日的日子，我都感到紧张和恐惧，生怕把妹妹一个人又留在那空旷的教室。每每还没到下午下课，我就把笤帚抢在手里，拢在脚底下，以便一下课就能及时进入清理工作。有好几次，老师刚说完"下课"，班长的"起立"还没有出口，我的笤帚就已经挥动起来。

这天，做完值日马老师留下了我，问我为什么要这么匆忙。当时我急得直发抖，要哭了，只会说："晚了，晚了!"老师问什么晚了，我说："接我妹妹晚了。"马老师说："是这么回事呀，别着急，我用自行车把你带过去。"

那天，我是坐在马老师的车后座上去幼儿园的。

马老师免去了我放学后的值日，改为负责课间教室的地面清洁。

我真想对老师从心底说一声"谢谢"！

是平平淡淡的生活，是太一般的小事，但于我却是一种心的感动，是一曲纯情的生命乐章，是一片珍贵的温馨。忘不了，怎么能忘呢？

沉重的身躯，负重的心灵，生活的担子压至肩头，稚嫩的肩膀已经不堪重负，无法抬头。

惨淡的云层，弯曲的身影，纯洁的面庞，不和谐的画面，真实生活的写照。

老师的力量，在孩子的心里，如若波涛。

已经习惯了的无助，伴随着时间静静流淌，支离破碎的生活，细弱的声音，不寻常的境遇中，老师的关怀有弥足珍贵的含义。

理解，至为重要的姿态，没有既定的模式，却有相似的结果。

心灵悄悄话
XIN LING QIAO QIAO HUA

幸福的理解，就是这么简单。点滴的小事，如同水珠，折射出人格的魅力。那只暗淡的枯叶蝶，在无尽的苦难中看到了光明，在黯然哭泣的同时，面朝春天。

老师窗内的灯光

无论是山林深处，还是小巷子的尽头，只要能瞥见一丝灯光，哪怕它是昏黄的，微弱的，也都会立时给我以光明、温暖、振奋。

我曾在深山间和陌巷里夜行。夜色中，有时候连星光也不见。无论是山林深处，还是小巷子的尽头，只要能瞥见一丝灯光，哪怕它是昏黄的，微弱的，也都会立时给我以光明、温暖、振奋。

如果说，人生也如远行，那么，在我蒙昧的和困惑的时日里，让我最难忘的就是我的一位师长的窗内的灯光。记得那是抗战胜利，美国"救济物资"满天飞的时候，有人得了件美制花衬衫，就套在身上，招摇过市。这种物资一度被弄到了我当时就读的北京市虎坊桥小学里来，我就曾在我的国语老师崔书府先生宿舍里，看见旧茶几底板上，放着一听加利福尼亚产的牛奶粉。当时我望望形容消瘦的崔老师，不觉也想到他还真的需要一点滋补呢……

有一次，我写了一篇作文，里面抄袭了冰心《寄小读者》里面的几个句子。作文本发下来，得了个漂亮的好成绩，我虽很得意，却又有点儿不安。偷眼看看那几处抄袭的地方，竟无一处不加了一串串长长的红圈！得意从我心里跑光了，剩下的只有不安。直到回家吃罢晚饭，一直觉得坐卧难稳。我穿过后园，从角门溜到街上，衣袋里自然揣着那有点像赃物的作文簿。一路小跑，来到校门前一推，"咿呀"了一声，好，门没有上闩。我侧身进了校门，悄悄踏过满院由古槐树冠上洒落的浓重的阴影，曲曲折折地终于来到了一座小小的院落里。那就是住校老师们的宿舍了。

　　透过浓黑的树影，我看到了那样一点亮光——昏黄，微弱从一扇小小的窗棂内浸了出来。我知道，崔老师就在那窗内的一盏油灯前做他的事情——当时，停电是常事，油灯自然不能少。我迎着那点灯光，半自疑半自勉地，登上那门前的青石台阶，终于举手敲了敲那扇雨淋日晒以致裂了缝的房门——

　　笃、笃、笃……

　　"进来。"老师的声音低而弱。

　　等我肃立在老师那张旧三屉桌旁，又忙不迭深深鞠了一躬之后，我感觉得出老师是在边打量我，边放下手里的笔，随之缓缓地问道："这么晚了，不在家里复习功课跑到学校里做什么来了？"

　　我低着头没敢吭声，只从衣袋里掏出那本作文簿，双手送到了老师的案头。

　　两束温和而又严肃的目光落到了我的脸上。我的头低得更深了，只好嗫嗫嚅嚅地说："这篇作文，里头有我抄袭人家的话，您还给画了红圈儿，我骗、骗……"

　　老师没等我说完，一笑，轻轻撑着木椅的扶手，慢慢起身到靠后墙那架线装的铅印的书丛中，随手一抽，取出一本封面微微泛黄的小书。等老师把书拿到灯下，我不禁侧目看了一眼，那竟是一本冰心的《寄小读者》。

　　还能说什么呢，老师都知道了，可为什么……

　　"怎么，你是不是想：抄名家的句子，是谓之'剽窃'，为什么还给打红圈？"

　　我仿佛觉出老师憔悴的面容上流露出几分微妙的笑意，心里略微松快了些，只得点了点头。

　　老师真的轻轻笑出了声，好像并不急于了却那桩作文簿上的公案，却抽出一支"哈德门"牌香烟，默默地点燃了，吸着。直到第一口淡淡的烟消融在淡淡的灯影里的时候，他才忽而意识到了什么，看看我，又看看他那铺垫单薄的独卧板铺，粲然一笑，训教里不无怜爱地说：

"总站着干什么？那边坐！"

我只得从命，两眼却不敢望到脚下那块方砖之外的地方去。

又一缕烟痕，大约已在灯影里消散了，老师才用他那低而弱的语声说："我问你，你自幼开口学话是跟谁学的？"

"跟……跟我的奶妈妈。"我怯生生地答道。

"奶妈妈？哦，奶母也是母亲。"老师手中的香烟举着，烟袅袅上升，"孩子从母亲那里学说话，能算剽窃吗？""可……可我这是写作文呀！""可你也是孩子呀！"老师望着我，缓缓归了座，见我已略抬起头，就眯细了一双不免含着倦意的眼睛，看着我，又看看案头那本作文簿，接着说："口头上学说话，要模仿；笔头上学作文，就不要模仿了么？一边吃奶，一边学话，只要你日后不忘记母亲的恩情也就算是个好孩子了……"

这时候，不知我从哪里来了一股子勇气，竟抬眼直望着自己的老师，更斗胆抢过话头，问道："那……那作文呢？"

"学童习文，得人一字之教，必当终身奉为'一字之师'。你仿了谁的文章，自己心里老老实实地认人家做老师，不就很好了么？模仿无罪。学生效仿老师，何谈'剽窃'？"

我的心，着着实实地定了下来，却又着着实实地激动起来。也许是一股孩子气的执拗吧，我竟反诘起自己的老师："那您也别给我打红圈呀！"

老师却默然微笑，掐灭手中的香烟，向椅背微靠了靠，眼光由严肃转为温和，只望着那本作文簿，缓声轻语着："从你这通篇文章看，你那几处抄引，上下也还可以贯串下来，不生硬，就足见你并不是图省力硬搬的了。要知道，模仿既然无过错可言，那么聪明的模仿，难道不该略加奖励么——我给你加的也只不过是单圈罢了……你看这里！"

老师说着，顺手翻开我的作文簿，指着结尾一段。那确实是我绞得脑筋生疼之后才落笔的，果然得到了老师给重重加上的双圈——当时，老师也有些激动了，苍白的脸颊，微漾起红晕，竟然轻声朗读起我那几行稚拙的文章来……读罢，老师微侧过脸来，嘴角含着一丝狡黠的笑意说："这几句么，我看，就是你从自己心里掏出来的了。这样的文章，哪怕它还嫩气得很，也值得给它加上双圈！"

我双手接过作文簿，正要告辞，忽见一个人，不打招呼，推门而入。他好像是那位新调来的"训育员"：平时总是近视眼镜，毛哔叽中山服，面色更是红润光鲜；现在，他披着件外衣，拖着双旧鞋，手里拿个搪瓷盖杯，对崔老师笑笑说："开水，你这里……"

"有。"崔老师起身，从茶几上拿起暖水瓶给他斟了大半杯，又指了指茶几底板上的"加利福尼亚"，笑眯眯地看了来人一眼，"这个，还要么？"

"呃……那就麻烦你了。"

等老师把那位不速之客打发得含笑而去后，我望着老师憔悴的面容，禁不住脱口问道："您为什么不留着自己喝？您看您……"

老师默默地，没有就座；高高的身影印在身后那灰白的墙壁上，轮廓分明，凝然不动。只听他用低而弱的语声，缓缓地说道："还是母亲的奶最养人……"

我好像没有听懂，又好像不是完全不懂。仰望着灯影里的老师，仰望着他那苍白的脸色，憔悴的面容，又瞥了瞥那听被弃置在底板上的奶粉盒，我好像懂了许多，又好像还有许多、许多没有懂……

半年以后，我告别了母校，升入了当时的北平二中。当我拿着入中学后的第一本作文簿，匆匆跑回母校的时候，我心中是揣着几分沾沾自喜的得意劲儿的，因为，那簿子里画着许多单的乃至双的红圈。可我刚登上那小屋前的青石台阶的时候，门上一把微锈的铁锁，让我一下子愣在了那小小的窗前……听一位住校老师说，崔老师因患肺结核，住进了红十字会办的一所慈善医院。

临离去之前，我从残破的窗纸漏孔中向老师的小屋里望了望——迎着我的视线，昂然站在案头的，是那盏油灯：灯罩上蒙着灰尘，灯盏里的油，已几乎熬干了……

时光过去了近四十年。在这人生的长途中，我确曾经历过荒山的凶险和陌巷的幽曲，而无论是黄昏，还是深夜，只要我发现了远处的一豆灯光，就会猛地想起我的老师窗内的那盏灯，那熬干自己的生命，也更给人以启迪、给人以振奋、给人以光明和希望的，永不会在我心头熄灭的灯！

也许是因为太小，所以战战兢兢，不敢面对。也许是因为善良，即便战战兢兢，还是勇敢地站到了老师的面前。然而，迎来的不是批评，而是表扬。

全心呵护幼小的心灵，在黯淡的灯光里，慢慢升腾。

因为不懂，也因为释然，所以记忆中的那盏灯光，也长久地点亮在孩子的心中，照耀着人生之路。深奥的哲理般的感悟，也伴随似雾非雾的感觉，慢慢变得清晰。

心灵悄悄话
XIN LING QIAO QIAO HUA

启迪的话，可能听过很多，但震撼，却远远没有如豆的灯盏给予得多。时光飞驰，带不走过去的思念，片言只语，也足以让人受益终生。世事万千，浮华散尽，渗透到心中的教导，却永不褪色。

第四篇 辛勤的「园丁」

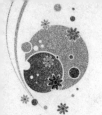

老师的呵护

每逢秋天。葡萄成熟的时候，我总是格外怀念那位老师，怀念老师帮托着葡萄的美丽的手。

小时候，我非常喜欢画画。可是，由于颜料不好，我怎么也画不出满意的图画来。我的同学吉姆有一盒进口的颜料，那蓝色的和胭脂红的，美得让人赞叹。唉，要是能有那样的颜料多好啊。

我身体很弱，加上天生胆小，同学们很少和我交往，我也没有知心朋友。那天吃过午饭后，其他孩子都在运动场上嬉戏打闹，只有我一个人坐在教室里，心情格外沉重。我满脑子都是吉姆的颜料，真希望能得到它们啊！这个念头让我脸发烧，心扑通扑通跳个不停。这时，上课铃响了，我猛然站了起来，鬼使神差般地走到吉姆的桌旁，做梦似的拿出了吉姆的蓝色和胭脂红色颜料，放进了我的衣兜。

上课时，老师讲了什么我一点儿都不知道。

下课铃终于响了，我松了一口气。可就在这时，吉姆和班上三四个同学向我走来。

"是你拿了我的颜料吗?"吉姆问。

我正想申辩，他们中的一个人把手伸进了我的衣兜。那两块颜料马上就被他们搜出来了！我羞得无地自容，眼前一片漆黑。无助的我抽抽搭搭地哭起来。

大家吵吵嚷嚷地把我拽到二楼，进了我最喜欢的班主任老师的房间。

他们向老师详细告发了我拿吉姆颜料的事。老师认真地望了望同学们，又瞧了瞧快要哭出来的我，然后问我："这是真的吗？"我无论如何也不愿告诉我喜爱的老师，我就是这样一个让人讨厌的坏孩子。我终于哭出声来。

老师让其他同学都回去。她很长时间没有说话，最后走过来紧紧搂住我的肩膀，轻声问道："把颜料还回去了吗？"我点了点头。

"你觉得自己的所作所为是令人讨厌的吗？"

老师的心平气和让我特别难过，我悔恨地哭个不停。

"别哭了，明白了就好。你在这儿等我上课回来，好吗？"老师拿起书，然后攀到二楼窗口的葡萄蔓上摘了一串葡萄，放在正在哭着的我的膝上。

放学了，老师回到房间，把那串葡萄放进我的书包，"回家吧，明天一定要来学校啊，老师看不见你会很伤心的。"

第二天，到了该去上学的时间了，我多么希望我肚子疼，要么头疼也行啊，可现在，连我经常会疼的那颗虫牙也不疼了。找不到任何借口，我只好去上学了。

一到学校，吉姆就飞跑过来，拉着我的手，把我带到老师的房间里。

老师在门口等着我们。"吉姆，你真是一个好孩子，你很理解我的话。"老师又转向我，"吉姆对我说，你不用向他道歉了。你们从现在起成为好朋友了。握握手吧！"

老师笑着看着我们，我难为情地笑起来，吉姆也爽朗地笑了。

老师将身子探出窗外，摘了一串葡萄，从正中"咔嚓"一声剪成两半，分给吉姆和我。葡萄真甜啊。

此后，我不像以前那么胆小怯懦了。每逢秋天，葡萄成熟的时候，我总是格外怀念那位老师，怀念老师那托着葡萄的美丽的手。

因为喜欢而失去理智，于是做了不应该的事，令人愤怒。

年华渐老，青春已逝，记忆却不会忘记那一刻。

当刻意的掩盖被揭开，羞愧和绝望在心底升腾，不知如何是好。

第四篇 辛勤的『园丁』

梦醒时分，一串葡萄，闪亮如心中的星星，躺在膝上，它弥补了破碎的洞，演绎着一曲原谅的歌。无需太多的言语，只要些给予，就已然足够。

已经懊悔至极的心灵，不需要太多的批评。如何修复那颗受伤的心，才是作为老师最大的责任。如何学会坚强，如何学会宽容。这一切都是我们从老师那里得到的，即使我们长大，也永远不会忘记这刻骨铭心的一幕。

镜中的花是虚的，镜片只能反射美丽，并不能增加美丽。要增加美丽或者让美丽在岁月雨雪风霜前不再成为一笔减数，或者保持总数不变，我们唯一的办法是从另一方面给它再一笔笔添上加数。

就像平静的湖面落下一枚银币，突然的声响，惹得满教室的花朵晃起来。

靠窗那排坐在最后的同学，弄碎了一块小镜子。

这是上午的第二节课，老师的讲述已停下来，同学们正进行课堂练习。有初冬的阳光从窗外涌进来，流淌在摊开着的课本上的字里行间。在教室的课桌间来回踱步，看长长短短的七排秀发及秀发下亮晶晶的112粒黑葡萄，捕捉沙沙的写字声合成的音乐，男老师感觉到自己好像一位农民在田间小憩，擦汗的同时聆听着庄稼的拔节之声。

一个小姑娘心爱的小镜子摔坏了。

教室里低低地有了议论：

"奥美！扮啥酷呀！"

"上课怎么能照镜子？"

"活该受批评了。"

"看老师怎么办？"

老师没有言语，他有意无意地听着同学们的每一句议论。这些女孩子呀，全十五六岁年龄，作为旅游职中的新生，脸蛋身材口齿当初都曾经过精心挑选，一笑甜爽爽的，开了口也如一巢出窝的小鸟，三五分钟是静不下来的。男老师的心里笑着，他知道他们在等讲台上的反应。

其实，开始练习后不久，老师就看见那位同学悄悄摸出了小镜子。他看到她将镜片偷偷压在作业下，写几笔作业就照一照。借着阳光，一只蝴蝶的淡黄色的发夹舞动在她的前额，花季的脸真是漂亮。

男老师想提醒她，但一时没有想好合适的话。现在经同学一催化，他忽然有了一种灵感。他微笑着先开口问了一个物理问题。

"请说说平面镜的作用。"

"有反射作用。"这很简单，全班56个同学几乎异口同声地回答。

"是啊。"老师说，"同学们，几分钟前，我们教室里56位同学变了57朵花，有一个同学借镜子反射出一朵。但是，镜中的花是虚的，镜片只能反射美丽，并不能增加美丽。要增加美丽或者让美丽在岁月雨雪风霜前不再成为一笔笔减数，或者保持总数不变，我们唯一的办法是从另一方面给它再一笔笔添上加数。这加数是指，我们一次次做进步的努力，一次次为自己的目标不轻言放弃，或者，一次次向我们的周围伸出自己的手。而此刻，对坐在教室里的你来说，帮助你增加美丽的是你桌上的书本。"

再也没有任何声音，一池吹皱的春水再度平静。

美丽的诠释有很多种，作为女孩子，很容易在这个问题上产生迷惑。

心灵悄悄话
XIN LING QIAO QIAO HUA

用心的呵护，巧妙的设计，睿智的点化，就使聪明的头脑避免了向深渊滑去。于是铺天盖地的喜悦，伴着恍然大悟的感动，让美丽而骄傲的小女孩，写下了那句哲理的话：给美丽做道加法。

第四篇 辛勤的「园丁」

不能忘记老师

青出于蓝而胜于蓝，每个人都没有理由怀疑这句至理名言。也许，日后你成功了，认为自己禀赋出众，是靠自己才取得这些成就的。然而如果没有引导你的老师，所有的一切也是徒劳。恰如学飞的雏鹰找不到飞翔的轨迹，试游的鱼儿总是四处碰壁。

我胡思乱想，整夜睡不着，有时想，真不如那时候田先生不教我，不让我知道什么左翼文学，早没有这位先生多好。有时候又想起十六岁的时候，这位影响我最深的先生，我怎能忘掉。

人不能忘记真正影响过自己的人。

我写过好几位教过我的老师，包括大学的，中学的，小学的。田骢是影响我最大的老师，他是南开的，但是南开却不记得他。那些有功于校的老教师名单里没有他。

他是在我进高中一年级时，到南开教书的，教国文。人很矮，又年轻。第一次进教室，我们这群女孩子起立敬礼之后，有人就轻轻地说："田先生，您是……"他毫不踌躇地拿起粉笔，就在黑板上写了"田骢，燕京大学文学士"几个字作为自我介绍，接着就讲课了。

他出的第一个作文题是《一九三一年的中国大水灾》。我刚刚学发议论，刚做好交上去，"九·一八"就爆发了。他又出了第二个题，没有具体题目，要我们想想，"写最近的大事"。于是我写了一篇《日祸记闻》（我找了报纸，费了很大劲），田先生只点点头说："写听来的事，也就这样了。"他要求的当然比这高。

我们有南开中学自编的国文课本，同时允许教师另外编选。田先生就开始给我们讲上海左翼的作品：丁玲主编的《北斗》，周起应（周扬）编的《文学月报》，然后开始介绍鲁迅，介绍鲁迅所推荐的苏联作品《毁灭》，还有《土敏土》《新俄学生日记》等等。他讲到这些书，不是完全当文学作品来讲的。讲到茅盾的《幻灭》《动摇》《追求》三部曲时，他说："现在的女孩子做人应当像章秋柳、孙舞阳那样开放些。当然，不必像那样浪漫了。"

我是个十分老实的学生，看了左翼的书，一下子还不能吃进去。有的同学就开始写开放的文章了。记得比我高一班的姚念媛，按着丁玲《莎菲女士的日记》的路子，写了一篇《丽嘉日记》。我们班的杨幼琪写了篇《论三个摩登女性》，都受到田先生赞赏，后来发表在南开女中月刊上。我的国文课（包括作文）一向在班上算优秀的，可是到了这时，我明白自己是落后，不如人了。

田先生越讲越深，他给我们讲了什么是现实主义，什么是浪漫主义。我才十六岁，实在听不大懂，可是我仔细听，记下来，不懂也记下来。半懂不懂的读后感都记在笔记本上了，交给田先生。他看了，没有往我的本子上批什么，只是在发本子的时候告诉我："写 note 不要这样写法。"还告诉我，读了高尔基，再读托尔斯泰，读契诃夫吧。田先生对于我，是当作一个好孩子的吧。他在我的一篇作文上批过"妙极，何不写点小说"。可是他没有跟我说过一句学业之外的话。

在教书中间，他和男中的另外两位进步教师万曼、戴南冠共同创办了一个小文学刊物，叫《四月》，同学们差不多都买来看了。我看了几遍，终于明白田先生写的文章比我高出一大截。**我是孩子，孩子写得再好也是孩子，我必须学会像田先生那样用成人的头脑来思考。**

到高中二年级，田先生教二年甲组，我被分到乙组，不能常听田先生的课了，但是甲组许多情况还是知道的。田先生常叫她们把教室里的课桌搬开，废除先生讲学生听的方式，把椅子搬成一组一组的，大家分组讨论，教室里显得格外生动有趣。后来她们班的毛同学当选了女中校刊的主编，把校刊办得活跃起来了。开始时是谈文学，谈得很像那么一回事，估计是田先生指导的。到后来她们越谈越厉害，先对学校的一些措施写文章批评，后对天津市内的（当然是国民党统治下的）政治形势嬉笑怒骂，直至写文章响应市内工厂的罢工，鼓动工人们"起来啊，起来"。闹得学校当局再也忍不住了（再这么下去，学校也没法存在了），把毛她们三个活跃分子开除了。同时，他们认为是田骢他们三个教师在背后煽动的，把三个教师解了聘。

我看不出来田先生在这里边起了什么作用，只是对他的离职惋惜不已。我刚刚对田先生教给的左翼文学尝到一点味儿，还只知看看，还没想到自己动手干。但是已经不用田先生把着手告诉怎么找书了，已经会自己去找书看，会自己去订阅杂志了。我刚抬脚，还不会起步。

已被开除的先进分子毛跟我谈起田先生，她说："作为教书的教师，他是个好教师。可是，要作为朋友，他并不怎么样。"那时候我还不懂田先生怎么又成了她的"朋友"。后来过了很久，我才明白她那时已经是一个地下组织的成员了，田先生么，该是她的"朋友"，即同志，实际上女中的活动就是她们地下组织的活动，并不是一个教师煽动的，学校当局也没有弄清。我太幼稚，没有资格要求田先生做我的"朋友"，但是我由一个什么也不懂的女孩成为知道一点文学和社会生活的青年，的确得感谢田先生，他是我的好老师。

我一直怀着感激的心情想着田先生。后来只在一个讲教学的刊物上见过田先生的名字，在河南一个文学刊物上见过万曼先生的名字，再就没有消息了。我总在猜测，他们几位大概进入了文学界了。想起他们，我老是以为他们不会湮没无闻的，常想着将来能再见。

后来，一直过了二十多年，国家经过了天翻地覆的变化，我也已经成了中年人，被调进了作家协会。对于文学知道还不算多，该接受的教训倒学会了不少。从前对于文学那股热劲也消磨得差不多了。有一天，在作家协会的《文艺学习》编辑部里，忽然说有一个姓田的先生来了，在公共会客室正等着我。我进门一怔，简直认不清了但是马上又认得了，竟是田先生。他很客气地说知道我在这里，他来是想请我到他们学校去做一次报告，就是讲一次文学课。

原来这几十年他还在教书，仔细一问，在石油勘探学校里教文学。没有想到，怎么会在石油学校去教文学？要知道我现在已经属于文艺界了，而文艺界那个气氛人们都知道。我怎么敢到外边去乱吹，讲文学？

"田先生，我……我……"我简直说不上来，只好吞吞吐吐地回答："我怎么能到您那里去讲文学？您还是我老师。"

田先生却痛快地说："怎么不能啊！青出于蓝嘛。"

我没法，只能说："我没有学好，给老师丢丑……而且……而且您看，我肚子这么大了。"那时我正怀着孕，他没法勉强。这次会见，就这么简单地结束。我一面谈着话，一面心里就猜，田先生大概这些年还保持着他年轻时对于文艺界的美好幻想，而且看见《文艺学习》刊物上我的名字，就以为我已经踏进了那个美好幻想里，所以来找我，叫我千言万语也说不清。但是我敬仰的田先生，领着我们敲左翼文学大门的先生，怎么能湮没呢？他的功劳怎么没人提起呢？

后来我曾经想请田先生参加作协举办的文学活动，但是迟迟没有找到合适的题目。后来呢，又过了一阵，文艺界内的气氛越来越紧张了。田先生忽然给我来了一封信，说他一向佩服诗人艾青，想必我会认识艾青，请我给介绍介绍。那些天，正好是艾青同志倒霉挨骂的时候，我刚刚参加过批判艾青的内部会议，还在艾青同志屋里听他诉过苦，这怎么答复啊？属于"外行"的田先生，哪里会明白这些内情，我这个做学生的，又怎好贸然把这些话告诉田先生。紧接着是批判《武训传》，批俞平伯、批胡风，直到批右派，我自己也被送下乡，刊物也关门了。田先生幸喜与诸事无关，就不必多谈了。

我竟然无法报答师恩，竟然无法告诉他："田先生，你落后了，做学生的要来告诉你文学是怎么回事了。"这是胡扯，他不是落后，我想他还是和从前一样，把左翼文学园地看作一块纯洁光明的花园。这对于他来说，其实是幸福的。他仍然是忠于自己事业的老教师，并没有人掐着他的脖子叫他怎样讲文学。当然，紧接着文艺界这些不幸，这样关心文学事业的田先生，不会一直听不见看不见。不幸的是我，不能再和他细谈。

我默默不能赞一辞，竟眼看着我本以为应当光华四射的老师终于湮没。我胡思乱想，整夜睡不着，有时想，真不如那时候田先生不教我，不让我知道什么左翼文学，早没有这位先生多好。有时候又想起十六岁的时候，这位影响我最深的先生，我怎能忘掉。

到现在我来提笔怀念田先生，是没有什么可顾虑的时候了，可是算一算他该已八十几岁，谁知道还在不在人世啊。

老师，能感觉到我们的梦想，能知晓我们的疲倦需要缓解和释放。适时的引导，适可而止的改变，这一切，让我们避免了多少弯路，让我们迷惑的眼神，逐渐变得清澈。

倾听这些来自内心的声音吧，那是促使梦想花开的魔杖。

心灵悄悄话
XIN LING QIAO QIAO HUA

> 如何挣脱这愁苦的牢笼，未来又该从哪里找到入口。无情的现实，拽住了我们前进的脚步，当我们冲出樊笼，去探寻美好的未来时，又不知如何是好。

永远的老师

默默无闻的孩子，因为有了心灵的暗示，于是成就了自己。**多少老师，凭借信念这个美丽的法宝，造就了无数人才，让原本充满叹息的面容，重新露出了灿烂的微笑。**

人世间还有什么力量能超过信念的力量呢？

鲁西南深处有一个小村子叫姜村，村子因为这些年几乎每一年都要有几十个人考上大学、硕士甚至博士而闻名遐迩。人们会说，就是那个出大学生的村子。久而久之，大学村成了姜村的新村名。

姜村只有一所小学校，每一个年级一个班。以前，一个班只有几个孩子。现在不同了，方圆十几个村，只要与村里有亲戚的，都千方百计把孩子送到这里来。人们说，把孩子送到姜村，就等于把孩子送进大学了。

在惊叹姜村奇迹的同时，人们也都在问，是姜村的水土好吗？是姜村的父母掌握了教孩子秘诀吗？还是别的什么？

假如你去问姜村的人，他们不会告诉你什么，因为他们对于秘密似乎也一无所知。

在二十多年前，姜村小学调来了一个五十多岁的老教师，听人说这个教师是一位大学教授，不知什么原因被贬到了这个偏远的小村子。老师教了不长时间以后，就有一个传说在村里流传。这个老师能掐会算，他能预测孩子的前程。原因是，有的孩子回家说，老师说了，我将来能成为数学家；有的孩子说，老师说我将来能成为作家；有的孩子说，老师说，将来我能成为音乐家；有的说，老师说我将来能成为钱学森那样的人，等等。不久，家长们又发现，他们的孩子与以前不大一样了。他们变得懂事而好学，好像他们真的是数学家、作家、音乐家的材料了。老师说会成为数学家的孩子，对数学的学习更加刻苦；老师说会成为作家的孩子，语文成绩更加出类拔萃。孩子们不再贪玩，都变得十分自觉。因为他们都被灌输了这样的信念：他们将来都是杰出的人，而有好玩、不刻苦习惯的孩子都是成不了杰出人才的。

家长们很纳闷，也将信将疑，莫非孩子真的是大材料，被老师道破了天机？

就这样，几年后，奇迹发生了。这些孩子到了参加高考的时候，大部分都以优异的成绩考上了大学。

这个老师在姜村人的眼里变得神乎其神，他们让他看自己的宅基地，测自己的命运。可是这个老师却说，他只会给学生预测，不会其他的。

这个老师年龄大了，回了城市，但他把预测的方法教给了接任的老师。接任的老师还在给一级一级的孩子预测着，而且，他们坚守着老教师的嘱托：不把这个秘密告诉给村里的人们。

我的几个好朋友就是从姜村走出来的。他们说，他们从考上大学的那一刻起，对于这个秘密就恍然大悟了，但他们这些人又都自觉地坚守起了这个秘密。

听完了这个故事，我被感动了！人世间还有什么力量能超过信念的力量呢？这个老师通过中国最传统的方式，在这些幼小孩子的心灵里栽种了信念啊！

当我们事后才恍然大悟，**信心其实就在我们的心中埋藏，只是我们没有发现，只是因为我们没有去挖掘。**

信念的力量，可以在坚强中继续衍生创造。老师的智慧在悄无声息地引导着这一切。老师坚守着的秘密，是信念的源泉。被关爱的孩子，于是创造了令人夺目的奇迹和惊人的辉煌。

生命并不暗淡，它因为爱有了闪光。

在一个偏远的小山村里，有一所小学校，因为各方面条件极差，一年内已经连续走了七八位教师。

当村民和孩子们依依不舍地送走第十位教师后，就有人心寒地断言：再不会有第十一位教师能留下来。

乡里实在派不出人来，后来只好请了一位刚刚毕业等待分配的女大学生来代一段时间课。不知女大学生当初是出于好奇或是其他什么原因，总之很快和孩子们融洽地生活在一起了。

两个月后，女大学生的分配通知到了。村民们只好像以往十次那样带着各家的孩子去送这位代课教师。

谁也无法预料的情形发生了。那天，在代课教师含泪走下山坡的那一瞬间，背后突然意外地传来她第一节课教给孩子们的古诗："离离原上草，一岁一枯荣。野火烧不尽，春风吹又生。"

那背诵的声音久久回荡，年轻的代课教师回头望去，二十几个孩子齐刷刷地跪在高高的山坡上——没有谁能受得起那天地为之动容的一跪。孩子们目光中蕴含的情感，顷刻间让她明白：那是孩子对知识的渴望和纯真而无奈的挽留啊！

代课教师的脚步凝滞了。她重新把行李扛回小学校。她成了第十一位教师。往后的日子里她从这所小学校里送走了一批又一批孩子去读初中、高中、大学……这一留就是整整二十年。

我听到这个故事的时候，正是女教师患病被送往北京治疗的期间。我一直想去探望她，但因为种种原因没有成行。

我终究没能见到这位乡村女教师。当我终于有机会来到这所小学校时，已有一位男老师来接她的班。新来的教师对我说：她患了绝症，从北京回来的只是她的骨灰。我看到她的骨灰装在一个红色的木匣里，上面没有照片。

临行时，这位男教师还告诉我，这所学校没有第十二位教师说法。无论以后谁来接班，永远都是第十一位。这是所有能在这里工作的教师的光荣，他说。还有就是这所小学校有一条不成文规定。是什么，他没有立即告诉我，当时他只是微笑着对我说：明天早晨，你就会知道。

第二天，我早早从距小学校几里远的乡招待所赶来。刚刚爬到院墙外那座高高的山坡，就远远地听到白居易那首熟悉的诗句："离离原上草，一岁一枯荣。野火烧不尽。春风吹又生。"

我想起，今天是新生开学的第一课。

呕心沥血的一课，包含着第十一位老师的真情。无尽的野草，便是孩子们对她无尽的思念。

她如野草般在教育战线上默默无闻地奉献着，也想过离开，但她无法面对孩子们期待的目光而决然离去，即将形同陌路的时刻，良心唤醒了她，她为这片沉睡的土地上的"花朵"而憔悴，为这些未来的花朵献出了自己的一生。这可歌可泣的一幕，被后继者继续延续着，人们用特殊的纪念方式，表达着对教师的崇高的敬意。

 心灵悄悄话
XIN LING QIAO QIAO HUA

"离离原上草，一岁一枯荣。野火烧不尽，春风吹又生。"这是真实的写照。充满了稚气的朗读声中饱含了对老师的尊敬与爱戴，那些希望的种子就在这样的声音中播撒，生根发芽，直到最后绽放在我们眼前。

灵魂的信仰

是谁，在用她那温柔的眼神注视着我们成长？是谁，在用她那无比的智慧传授给我们知识？是谁，在用她那动听的声音抚慰着我们的心灵？是谁，在用她那耐心的话语指点我们的前程？

是老师，启迪我们真正领会了大自然的恩惠，让我们读懂每一片绿叶，每一片云彩，每一朵浪花。是老师，指导我们如何做人，如何学习，让我们明白深奥的道理，学到人生的真谛。

我看着这几双发亮的感激的眼睛，使我想起了许多往事，从欣赏到写作，从幼芽到小树，是经过多少人的细心培养啊。

前天近午，有三个在初中和高中读书的少年来看我。他们坐了一大段车，还走了一大段路，带着满脸的热汗，满身的热气，满心的热情，一进门就喊：

"妈妈，您好，我们来了！"

这几个孩子，几乎是我看着他们长大的，几个月不见，仿佛又长了一大截！有的连嗓音都变了，有的虽然戴着红领巾，却不像个中学生而像个辅导员，有的更加持重腼腆，简直像个大姑娘了，可是在我这里，他们就像回到自己家里一样，一面扇扇子，喝凉水，眼睛四下里看，嘴里还不住地说。最后，他们就跑到书架和书桌前面去……

"您有什么新书没有？"

"您这儿还有《红旗谱》哪，我看过一遍都忘了，老师还让我们夏天看呢，借给我好不好？"

"这《蕙风词话》《人间词话》说的是什么呀？"

我一个人实在对付不了三张快速的嘴，我只看着他们笑，我只感到心花怒放，多么火热的青春呵！

慢慢地，他们手里拿着书、水杯和大蒲扇，围着我坐下来了，谈着看书，谈着文学作品，忽然谈锋转向语文老师。

那个变了嗓音的大小孩子说："我看书的兴趣，完全是我们的语文老师引起的。在前年，我们的那位语文老师，不用提多好啦，给我们上语文课的时候，讲的那么生动，我们都听得入了迷。下课以后去找他谈话，他还给我介绍许多课外的书籍。那一年，我看的书最多了，课内的古典文学，像《琵琶行》，我到现在还能背。可惜这位老师只教我们一年，就去编教材去了。后来的语文老师，上课时候讲的内容和政治课差不多，我们对于课文的感受就不特别深了……"

那个更加沉静的姑娘，这时也微笑说："我们的语文老师也不错，我就是喜欢跟他写作文。他出的题目好，总让人人都有自己的话说，而且说起来没有完。他在卷本上批改的并不多，但是他和每个学生谈话的时候，却能谈到几个钟头。现在，我才知道写作文也可以是一件很快乐的事……"

我看着这几双发亮的感激的眼睛，使我想起了许多往事，从欣赏到写作，从幼芽到小树，是经过多少人的细心培养啊。

我嘴里只说，"我真愿意你们的语文老师都在这里，他们听了不知要怎样的高兴。但是，也别忘了，'师父领进门，修行在个人'，**阅读和写作，一旦有了好的开头，就得自己努力继续下去，要不然，老师走了，这些好习惯也跟着走了**，你说可惜不可惜？那老师也就白教了！"

他们都笑了，"也可能是白教了，我们努力就是，不过，我们还是感谢我们的老师！"

我好像是对自己说的，"只要努力，老师就绝没有白教，让我们都感谢我们的老师！"

一份份诚挚的祝福，代表的是一颗颗充满感激的心。

愿你们永远都充满着微笑，永远都绽放着你们的精彩，愿你们继续着这份崇高的职业，继续抚育年少的情怀，引领年轻的心灵走向成熟，走向辉煌……

孩子们看校长用左手在黑板上写字，字写得歪歪扭扭的，没有原先右手写得好看，横横竖竖的像巴苦巴苦的山野菜。

校长被砍掉了一只手。

校长被二虎砍掉了一只手。

校长是因为二虎不让自己的孩子小虎上学被二虎砍掉了一只手。而且是右手。

校长写字用右手。

校长写钢笔字、粉笔字、毛笔字都用右手。

校长永远地失去了右手。

村是小村，卧蜷在山坳里。地是薄地，一年打下的粮食将够嘴。但山坳里有野菜，有冰灵灵土生土长墨绿墨绿的野菜。村人不吃，不喜欢吃，总吃就不喜欢吃了。可城里人喜欢吃，城里人喜欢吃是因为野菜是真正野生的，不是那种在大棚垦种出来的野菜。城里人说这里的野菜是真正的绿色食品，绿色食品对人体健康有益，城里人都喜欢健康。村人挖野菜，家家户户都挖，满山遍野地挖，然后翻过山送进城里，把野菜卖给城里人，也把健康卖给城里人。村人捏着城里人给的票子，粗糙的脸舒展地笑，望着满山的绿色，发家致富的希望在村人的心里就火似的升起。村人开始一窝蜂地挖野菜。老人挖，老人蹒跚着腿脚挖；年轻人挖，年轻人弯着腰挖；孩子也挖，孩子被大人们拽着去挖。

孩子被大人们从学校里拽到了山里。

学校里上课的孩子越来越少了，山里挖野菜的孩子越来越多了。

校长看了看课堂里已是屈指可数的学生，站在面积不大空旷的操场上望了望山里挖野菜的学生，校长的心里比那野菜还苦。

校长就向山里走去。

校长向山里挖野菜的村人走去。

校长走进山里对挖野菜的村人说：让孩子上学吧！

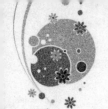

村人手不停地说：等等吧，等秋天吧。

校长说：不能等。孩子上学是不能等的。再说，不让孩子上学国家也是不允许的。

村人就笑：明白，咱都明白。二虎家都雇人挖野菜了，还没让孩子上学呢。

校长就不多说了，去找二虎。校长知道，二虎家的孩子不上学，别人家的孩子就不会上学。

二虎弯着腰挖野菜，二虎手里的刀又快又沉，刀落下去就有一片野菜从根处割断了。孩子跟在二虎的身后，拽着一个大篮子，把二虎割断了的野菜拣到篮子里。

校长走过来，孩子抬起头，低低地叫了一声校长。孩子黑黑的脸上两只明亮的眼睛无助地望着他。孩子的目光让校长心里一酸，校长大踏步地走过去，把孩子手里的土篮扯掉，拉着孩子站在了二虎的面前。校长对二虎说：让孩子上学吧！

二虎直起腰，扭了一下僵硬的腰说：等等吧，秋天吧。

校长说：不行。校长口气很坚决。校长说：一个孩子能帮你多少，让孩子跟我回学校吧。

二虎看看孩子说：我这累死累活的还不都是为了他，他不出点力怎么行。上学吗，等一等不要紧的，这野菜可是不能等的，过了时节就完了。

校长说：孩子上学怎么能等呢？上学是他的权利，也是你的义务，学上好了，他就可以走出这山里，去看外面的大世界，我们不能让孩子眼里只有野菜呀……

二虎打断了校长的话：你说的我不明白，我就知道他将来要娶媳妇盖房子，这些，不挖野菜钱哪来。

校长气愤地说：你这是无知，你就让孩子也在这山里挖一辈子野菜吗！你再看看这山，叫你们糟蹋成什么样了，校长望着已被挖得满目疮痍的山痛心地说，再这么挖下去，这里就完了。校长想多说点什么，二虎已冷下脸说：完什么？你不就想让孩子上学吗！二虎伸手来拽孩子。

校长往后带了一下孩子，二虎就抓了空。校长颤抖着声音对二虎说：愚昧！**上学是孩子的权利，他必须上学。**

二虎冷冷地望着校长：孩子是我的孩子，我想让他做什么就做什么。二虎抓住了孩子的一只胳膊，往过拽没拽过来，孩子的另一只胳膊牢牢地抓在校长的手里。二虎说：你放手。

校长脸色苍白，校长说：我不放手，孩子必须回学校上课。

二虎就恼了，瞪着校长说：他是我养的，我让他干啥他就得干啥。你放手，你不放手我就砍了。二虎扬了扬手中的刀。

校长望了一眼闪着寒光的刀，校长说：我不会撒手的，我要把他带回学校上课。

二虎脸恼成了酱紫色，对校长吼道：你以为我不敢砍你呀。二虎晃了晃手中的刀。

校长不看刀。

二虎的刀就落了下来。

二虎的刀真的就奔校长的手落了下来。

二虎的刀真的就落在了校长拽着孩子的手上。

校长的手就被砍掉了。

老中医给校长包了没手的胳膊，老中医摇头叹气：这是何苦呢！

校长没说什么，校长脸上没有痛苦，微笑着望着被村人捆绑着的二虎。

村人说：校长，把他送派出所吧。

校长望着吓呆了的二虎，校长对二虎说：让孩子上学吧。

二虎点点头。

校长说：放开吧！

村人都愣住了。二虎也愣住了。

校长对村民们说：让孩子们上学吧。

孩子们都回到了学校。

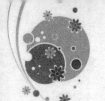

孩子们听校长用嘶哑的声音讲课。

孩子们看校长用左手在黑板上写字，字写得歪歪扭扭的，没有原先右手写得好看，横横竖竖的像巴苦巴苦的山野菜。

这样的人是幸福的，也注定是孤独的。他们踽踽而行，为离水的鱼寻求纯净的海天。不被理解，伤痕累累，灵魂却依然悲悯，依然昂扬！

他们用信仰的力量，支撑起乡村教育的希望！

 心灵悄悄话
XIN LING QIAO GIAO HUA

灵魂没有了信仰，人就如同离水的鱼。把对真、善、美的执着追求放在心里，为灵魂建造出信仰的庙宇，生命从此而光华灿烂、璀璨美丽。

老师教会了我们成长

永远忘不了令人肝胆欲裂的那一天。连续两天两夜的大暴雨。使温驯的小河彻底翻了脸：河面陡然比平时增宽了几倍。水急浪高，吼声如雷，卷着枯枝断木，放荡不羁地冲向下游。"石蹬桥"早就不见了踪影。

家乡的那一条小河，从苍茫葱郁的大山深处百折千转地奔出来，横亘在我和小伙伴上学的途中。冬天，小河瘦成了一道美丽的银线，河水清澈透明，袒露出河底柔弱斑斓的细砂和奇形怪状的鹅卵石；夏天，几场暴雨过后，小河顿时胖了许多，漩涡呼哨，激流如涌，平添了几分雄浑和壮观。

小河河面最狭窄、水流最缓慢的地方，十几块石头构筑成一座独特的"石蹬桥"。上学时，我和小伙伴由大人们领着，说说笑笑踏着"石蹬桥"过河，翻上对岸的高高土坎，再沿着田间小道走向山脚下的小学。每当风和日丽的日子，我和小伙伴常常经受不住小河的强烈诱惑，总要扭着大人们在河边逗留一阵子，或者玩一会儿水，或者从岸边的婆婆翠竹上摘一些竹叶，做成一只只小巧玲珑的叶儿船，放进水中，目送它们随着粼粼碧波轻轻飘向远方，带走我们的向往。

每天中午放学后，田老师领着我和小伙伴一一过河，把我们送到大桥上，才独自返校。田老师是一位城里来的年轻姑娘，身材高挑，容貌俊俏，纯真的娃娃脸上，乌晶晶的大眼总是忽闪忽闪，带着几多天真和暖人肺腑的笑容。田老师领我们过河时，老爱唱一首歌："弯弯的流水呀蓝蓝的天，绿油油的草地呀青青的山，我们愉快地劳动呀，创造着美

好的未来……"动听的旋律曾经深深地陶醉了我，以至于三十多年后的今天，我还能一字不漏地哼唱出来。

永远忘不了令人肝胆欲裂的那一天。连续两天两夜的大暴雨，使温驯的小河彻底翻了脸：河面陡然比平时增宽了几倍，水急浪高，吼声如雷，卷着枯枝断木，放荡不羁地冲向下游。"石蹬桥"早就不见了踪影。大人们将一根粗棕绳系在小河两岸的两根粗竹上，领着我们拽住棕绳，靠平时积累的感觉，小心翼翼地踩着水下的"石蹬桥"淌过河。放学后，田老师把我和小伙伴一个个搀扶着送过河。她刚把最后一个女生小芳送到河心，突然一个炸雷劈头盖脑砸下来，惊得小芳尖叫着一下子挣脱了手，瞬间就被一排巨浪冲出了几米远。"小芳！小芳！"田老师焦急地呼唤着，不顾一切地向小芳游去，几次眼看就要抓住，近在咫尺却又被冲开。终于，田老师在"回水沱"附近抓住了奄奄一息的小芳，拼尽最后一点儿力气，把小芳推到了岸边。我和小伙伴赶紧七手八脚把小芳拖上岸，回过头哪还有田老师的身影？"田老师！田老师"，"田老师，你回来呀，快回来呀"，"呜呜呜……"我和小伙伴哭着喊着，沿着河岸跌跌撞撞向下游跑着搜寻着，然而，回答我们的却只有无情的浊浪狂吼、冷漠的暴风雨嘶鸣和摇曳的翠竹悲泣。

三天后，田老师的遗体被大人们从小河下游十几公里处打捞了起来。举行追悼会时，全村男女老少哭得天昏地暗。小芳更是身披重孝，几次晕倒在田老师的灵位前。田老师被安葬在"石蹬桥"岸边高高的土坎上，默默无语地关爱着我和小伙伴从她的身旁上学、回家。

我和小伙伴常常采来一些美丽的野花，整整齐齐地摆放在田老师的坟头，给田老师唱一些她生前喜欢的歌曲，向她汇报我们的学习和成长过程。

田老师牺牲后没多久，乡政府投资在小河"石蹬桥"位置修建了一座结实的石板桥。

小学毕业后，我离开家乡去了县城读中学，临走那天早晨，我踏着晶莹的露珠来到田老师的墓前，向田老师献上了一束娇艳欲滴的白菊花，含着热泪唱起了田老师生前最爱唱的那首歌："弯弯的流水呀蓝蓝的天，绿油油的草地呀青青的山，我们愉快地劳动呀，创造着美好的未来……"

一条美丽的小河，一条快乐的小河，可是也是这条在大暴雨中彻底翻脸的小河，无情地吞噬了一个风华正茂的老师的生命。田老师舍身救人的感人故事，让我们的心灵一次次受到冲击。

心灵悄悄话
XIN LING QIAO QIAO HUA

师恩难忘。老师不仅教给我们知识，教会我们做人，有时，甚至会为了我们而付出生命的代价。

131

第五篇　激励成长的师爱

　　师爱,如春风化雨;师爱,如暗夜明灯。

　　这种爱让学生不着痕迹地接受,这种爱宁愿自己承担误解。面对渴望进步、希望被认可的学生,老师灵机一动,巧妙地解开僵局,将误会变成学生前进的动力,甘愿承受学生的误会,这是何等的心胸!很难想象,如果没有老师的解围,当年的他会是怎样的难堪,也许还会因此而一蹶不振。有多少师爱,就有多少种教育的技巧。

　　有一片天空,叫作梦想;有一种追求,需要爱心来启动。深深的师生情,这是一种伟大的无私的坚守,老师的坚守让学生感到温暖,让学生不断奋斗,写出了残缺人生里绚丽的篇章。

无言的指导

无言的指导，不断更新的乐谱，如同漫无尽头的黑夜。

极力探寻，却总是触摸不到边际。一切在视线中朦胧。经过漫长的磨炼之后，得到的是笑容的舒展，无法相信的喜悦。在这个时刻，泪水和歌声拥抱在了一起。

不可思议的事情发生了，连学生自己都惊讶万分，他居然可以将这首曲子弹奏得如此美妙、如此精湛！

一位音乐系的学生走进练习室。在钢琴上，摆着一份全新的乐谱。

"超高难度……"他翻着乐谱，喃喃自语，感觉自己对弹奏钢琴的信心似乎跌到谷底，消磨殆尽。

已经三个月了！自从跟了这位新的指导教授之后，不知道为什么教授要以这种方式整人。

勉强打起精神。他开始用自己的十指奋战、奋战、奋战……琴音盖住了教室外面教授走来的脚步声。

指导教授是个极其有名的音乐大师。授课的第一天，他给自己的新学生一份乐谱。"试试看吧！"他说。乐谱的难度颇高，学生弹得生涩僵滞、错误百出。"还不成熟，回去好好练习！"教授在下课时，如此叮嘱学生。

学生练习了一个星期。第二周上课时正准备让教授验收，没想到教授又给他一份难度更高的乐谱，"试试看吧！"上星期的课教授也没提。学生再次挣扎于更高难度的技巧挑战。第三周，更难的乐谱又出现了。一样的情形持续着，学生每次在课堂上都被一份新的乐谱所困扰，然后把它带回去练习，接着再回到课堂上，重新面临两倍难度的乐谱，却怎么样都追不上进度，一点也没有因为上周练习而有驾轻就熟的感觉，学生感到越来越不安、沮丧和气馁。

教授走进练习室。学生再也忍不住了，他必须向钢琴大师提出这三个月来何以不断折磨自己的质疑。

教授没开口，他抽出最早的那份乐谱，交给了学生。"弹奏吧！"他以坚定的目光望着学生。

不可思议的事情发生了，连学生自己都惊讶万分，他居然可以将这首曲子弹奏得如此美妙、如此精湛！教授又让学生试了第二堂课的乐谱，学生依然呈现出超高水准的表现……演奏结束后，学生怔怔地望着老师，说不出话来。

"如果，我任由你表现最擅长的部分，可能你还在练习最早的那份乐谱，就不会有现在这样的程度……"钢琴大师缓缓地说。

何谓大师，于无声处听惊雷，苛刻的要求下隐藏的是太多的寄托与希望。

莫名的做法曾被误解，遭到质疑。而最终令学生自己都难以相信的结果，真实地说服了所有的人。老师，在学生们的感悟中得到认知。

揭穿容易，但我更知道一个山里来的孩子该多艰难。那样做对他产生的后果不堪设想，为区区 300 元钱，扼杀一个人才，吾不屑为之也。

人有时一犹豫就错过了良机。辰这样想，此时老教授正在滔滔不绝地和新生们沟通感情，辰就没办法把两千元钱交上，而早上乘乱交这笔钱再好不过，可那时辰就是犹豫了一下，错过了，辰为此如坐针毡。

终于熬到了下课，辰盯住被围在一群叽叽喳喳的女同学中的老教授，好歹待女生们散尽，他才跨前一步，把钱递上。这时，辰脑子嗡的一声，大片空白，他感到一种灭顶之灾的降临，还好还好，老教授点了点，装在上衣兜里。

辰这一夜没合眼，那钱是单独交的，万一老教授发现了呢？为了进京到这家文学院深造，他卖光了全部药材，没想到该死的药贩子在交款时夹了三张假币！他曾想到市场上买点东西零碎花出去，可小贩们不收这假钱。他已没有更多的钱了，逼急了才出此下策，但他又怕被识破。同学们个个是贵胄公子，只他一个穷孩子，假币的事抖搂出来，他如何混得下去？

辰决定次日主动坦白，就说不小心夹带了，求老教授容他宽限些日子借来补上，这样总比当众揭穿好。

辰拿定主意次日就恭敬地等候在老教授上班必经的路上，见到他说："老师，我昨天交的钱……"教授的脸立刻板起来："别提你那钱。"

辰魂飞魄散，却听老教授说："早不交晚不交，偏我揣了你的钱，在市场上走，被小偷割了兜。"

啊呀，谢天谢地！辰一边赔礼，一边回到老家。这贼其实是帮了我的忙呢！辰想。

兴奋之后，辰又陷入了苦恼。毕竟老教授损失了那么多钱，并且直接怪他学费交得迟！想到教授总穿一件皱巴衣服的寒酸样，他心里就凉了。辰想，好好努力吧，非出人头地不可，有朝一日我加倍报偿这位善良无辜的老人。

辰勤学苦作，不断写出好文章，连《人民文学》这样的刊物也有他的一席之地，老教授时常当众夸赞。每当这时，辰就暗自道：等着，老师。

学习期满，辰交了大运，脱掉农田鞋，直接成了市文联干部，这当然要得力于《人民文学》。又一年，他又成为省作协聘任的专业作家。辰一步登天，阔步文坛，名声大得吓人，令许多杂志派编辑上门来泡他的议价稿，辰从此再也不愁没钱。

辰依然惦记着那可怜兮兮的老教授，该彻底了结这块心病了。他为老教授准备了1万元现金，专程来京。

老教授高兴："学生出了大名，不忘师德，这就好。"坚持设家宴款待高徒。酒前，辰鼓足全部气力，向教授认错："老师，我交给您那

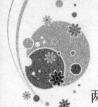

两千元学费中，混着 3 张该死的假币……"他眼圈红了，并哽咽起来。

老教授哈哈大笑："3 张假币，你还没忘哪？在，我留着呢，如今集什么的都有，我集几张假币玩玩有何不可。"说着，从一本影集内拿出那几张玩意儿。

"老师，那你说让贼偷了……"辰目瞪口呆。

"假话。兴你假币就不兴我假话？"

"为什么？你当时完全可以揭穿。"

老教授的脸色立刻无比严肃起来："揭穿容易，但我更知道一个山里来的孩子该多艰难，那样做对他产生的后果不堪设想，为区区 300 元钱，扼杀一个人才，吾不屑为之也。"

"老师！"辰扑通一声跪了下来，泪流满面，"我不回去了，我还要跟您学几年，您一定要收留我！"

慧眼识英才的伯乐可能很多，全力保人才的方式也许各种，然而张口免提的豪爽、事后承认的洒脱，让老教授的形象光辉而高大。

从师，学到的不仅仅是有限的学识，潜移默化中，也有人格的熏陶。

三张假币，默默地守着这个美丽的秘密。

多年以后，在教授慈祥的笑容里，所有的一切都已释然。拼命维持的安慰，努力建立的自尊。真相大白后，师爽快，生震撼，假币在影集中目睹着感人的一刻。

心灵悄悄话
XIN LING QIAO QIAO HUA

　　其实世界上，原本没有肮脏的事物。人格的光辉，可以让所有的灰尘剥落，让黑夜在仓皇中逃遁。

老师的敬业精神

伤害别人，对于自己，可能只是一时之快，过眼云烟，来去匆匆；对于别人，却是满目伤痕，痛苦面对留下的疮疤。多年以后，仍然昭然身上，落满心上。

人不能图一时之快去伤害别人，否则，更加深刻地伤害的只能是你自己。

人有时很奇怪，或许他干过很多的坏事、犯过很多的错误，他却一点也不记得；而一件很小的很算不了什么的事却可以让他萦绕于心，永远地感到内疚。

我便有很强烈的这种感受。说起来那的确是一件很小的事，而且那时我才十二三岁，可是它却折磨了我许多年，像一块石头压在心里，想起来便觉得沉重。

大约是我读小学六年级的时候，我们最喜欢的一个姓丁的女教师突然调走了，换上了一个姓田的男老师。田老师又矮又胖，脸上没有一根胡子，眼睛又是出奇的小，简直与英俊潇洒无缘。与漂亮苗条的丁老师相比，实在令人看不顺眼，这一下子引起女生的愤怒，竟众志成城地对田老师采取了抵抗态度。然而在丁老师交班之时，曾单独将我作为班主席介绍给了田老师，田老师找我了解了一些班上情况，大约我谈得很有条理，田老师对我很满意。头一天上课他便夸了我几句。这一下竟使我陷入一种很难堪的局面：我被敌视田老师的女生们孤立起来了。我很不自在，感到孤独的滋味很难受，于是决定和我的同学们站在一起。我也开始与田老师为敌，和我的同学比，甚至有过之而无不及，为此很快成

第五篇 激励成长的师爱

为学生领袖之一。

　　田老师先是莫名其妙，后则失望无比。而我却因重新获得同学拥戴而兴奋不已。我们决定集体罢课，只要是田老师的课就全体到操场去做游戏。时值"文革"期间，老师已无力管教学生，只能听之任之。田老师的愤怒和焦急溢于言表，可我们却毫不理睬。有一天我们决定要一要田老师，这个主意是我出的。我说，等田老师一露面，我们便拥进教室，他以为我们是进教室上课了，心里一定很高兴，但我们进教室后就马上从窗户翻出去，让他空欢喜一场。

　　我的主意得到大家一致的赞同，于是我们照此实施了。那天，当我们所有的女生一窝蜂地跑进教室又一窝蜂地翻越窗子时，男生们不明白我们究竟要干什么，只是一旁起哄，如同助威。田老师远远看见我们进了教室，果然欢喜异常，然而当他走到教室门口时，脸色却骤然大变，他身体晃了一晃，仿佛是晕眩，手上的粉笔盒从备课本上滑下，粉笔"哗啦啦"撒了一地。那时的我们正在窗外偷看，许多女孩发出嘻嘻的笑声，然后一哄而去。我离开得最晚，我被田老师的表情所震动。大约便是那一天，有一个画面就永远嵌在了我的脑子里：那是一个胖胖的大人呆立着露出一副失魂落魄的神情。

　　从那时起，一种对田老师的内疚就一直纠缠着我。**我对自己自责过很多也对自己自慰过很多，可我仍然摆脱不了这种纠缠。**我很想找田老师去认错，让他骂我一顿以便我得以解脱，可是有人告诉我，说田老师已经死了。

　　这件事使我常常想，人不能图一时之快去伤害别人，否则，更加深刻地伤害的只能是你自己。

　　永远不会再有回头的路，永远无法重复回忆里的故事。于是，有了良心的折磨，一生的压力。

　　一时的痛快，成为一世的牵挂。冰冷的冬天，雪化为盐，在不断开裂的伤口上洒满忧伤。生命的诗篇，就这样画上缺憾。

　　而酿造者在叹息中仰望岁月，悔恨伴随着年轮一圈圈荡漾。多少落窦的夜，在煎熬中忏悔，在忏悔中呜咽，无人知晓。

昨日宛如烟尘，谁的泪水，能够洗刷时光的痕迹，替更多的灵魂诉说心里的斑驳。

所有的考试都结束了，校园里开始弥漫浓浓的离别气息。再有十几天，同学们就要挥手作别大学了。

这一天，辅导员通知同学们——《训诂学》老教授要在周六给选修这门课的同学补一次因他生病住院落下的课。

同学们立刻意见纷纷——都什么时候了，大家考试都及格了，谁还有心情去补课？再说了，那选修课少上一次课又有什么大不了的。

周六，选修《训诂学》的三十多名学生中，只有三位女生去了教室。其实，她们也并非是有意去给老教授捧场的，她们忘了补课的事，原本打算到安静的教室里聊聊天的。

老教授准时走进教室，看到只有三个没带教材的女学生，他猛地一愣，俯身问明原因后，他微笑着环视了一下空阔的教室，清清嗓子，响亮地喊了一声"上课"。

仿佛面前像往常一样坐着三十多个学生，老教授跟平时一样自然而然地讲述着一个个精心准备的教学内容。他讲得非常投入，甚至有些忘情。不一会儿，他的额头上开始有汗珠滑落。

三个开始还有些心不在焉的女生，先是惊讶老教授依然工整的板书、热情的手势和对每一个细节的耐心讲解，继而，被他的那份从容和认真深深感动了。她们不约而同地坐直了身子，认真地聆听起来。

课间休息时，三位女同学请求面色有些苍白的老教授赶紧回去休息。老教授擦着满脸的汗水连连摇头，说他还能坚持住。直到下课的铃声响起，他才如释重负地收拾好讲义，慢慢走出教室。

十年后，那三个在学校读书时表现平平的女生，很快都脱颖而出，在事业上卓有成绩，成为那届毕业生中的佼佼者。

同学聚会时，面对大家羡慕和赞叹的目光，她们一致深情地回忆起在大学里补上的那一次课。虽然她们已记不清老教授所讲的内容，但老

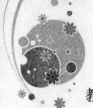

教授抱病面对三个学生时那份平静、那份声情并茂的投入，却深深地铭刻在了她们的脑海里。正是那一次课，让她们明白了"什么叫作敬业""什么叫作认真"等等那些曾无数次空泛地谈论过的大道理，并由此深深地影响了她们对事业及人生的态度和方式。

是的，那刻骨铭心的一课就叫敬业。只是在多年以后，许多同学才在懊悔和遗憾之余，将其间接地补上。

从师，不仅仅是获得知识，更多的是学习做人。

一位人类灵魂的工程师，课讲得好，得到的可能只是学生的佩服；而师德高，得到的却是学生的敬仰。知识的获取，永远没有止境；而做人的道理，却可以伴随一生，不会陈旧。

三个人一生的改变，是因为老师的敬业精神，在她们心中留下了永不磨灭的镌刻，是浓墨重彩的一笔。生命就这样绽放出光彩，有了深深的含义。

心灵悄悄话
XIN LING QIAO QIAO HUA

来自灵魂的感召，无需太多的言语和教导，刻骨铭心的典范，伴随一生一世。如此，实则不长的人生轨迹，就会有很多后来者的身影延续下去。

每个孩子都有一个梦想

有一片天空，叫作梦想；有一种追求，需要爱心来启动。文中这深深的师生情感动了我们，这是一种伟大的无私的坚守，老师的坚守让学生感到温暖，让学生不断奋斗，写出了残缺人生里绚丽的篇章。

听完珍道尔老师的一席话，埃文已是泪眼模糊。

珍道尔老师离开学校经商的那一年，向所有不愿让他离开的孩子们许下一个诺言，他要帮助每个孩子都实现一个梦想。

同学们都觉得这是一个好玩的想法。于是，各自写下自己的愿望，有的想要一个漂亮的文具盒，有的想要一个能飘出炊烟的玩具房子，有的想要一个足够结实的网球拍，有的想要一把最好的小提琴……

11岁的埃文一口气郑重地写下了自己的一串梦想：25岁之前，游览非洲的乞力马扎罗山，到澳洲看大堡礁，登上中国的长城；35岁之前，乘船穿越苏伊士运河，看埃及的金字塔，再到意大利看比萨斜塔；40岁之前，到日本看樱花，拍摄富士山的雪景。

同学们都认为埃文的愿望不够现实，而且也难为了珍道尔老师。有的同学劝埃文收回自己的愿望，重新写下一个切实可行的目标，因为即便老师有心帮助他实现这些愿望，然而对于一条腿有严重残疾的埃文来说，去这些地方，会有多大的困难是可想而知的。

一年以后，同学们陆续收到了珍道尔老师的礼物：文具盒、玩具房子、小提琴，甚至是其他贵重的东西，唯独埃文什么也没有收到，哪怕是老师一封安慰的信。大家纷纷劝埃文不要伤心，因为那样一个庞大的旅行计划，对于谁来说，都是不现实的。

　　有一天，埃文正整理着杂货铺，一个人推门进来。开始的时候，埃文并没在意，以为只是一个普通的顾客，便问对方需要点什么，对方摘下眼镜，轻拍埃文的肩膀，说："你不认识我了吗？"埃文定睛一看，又惊又喜：是珍道尔老师！看上去，老师苍老了许多，不过精神还可以。老师说："如果你没有忘记从前的旅行计划，那么现在开始我们的旅行吧。"由于埃文此前已经知道老师经济上的窘迫情况，便推说自己现在并不想去旅游了，只想平平淡淡地在家里过安闲的日子。

　　然而，珍道尔还是坚持领着自己的学生，去了位于坦桑尼亚的乞力马扎罗山，随后他们又到了澳大利亚观看了大堡礁，最后登上了中国的长城。在感受了大自然的雄奇和壮美之后，埃文觉得，这次旅行给他的最大感受是：他可以像其他的正常人一样，去游览名山大川，去做自己喜欢做的事情，自己虽然有一条残腿，但并不意味着丧失了人生的一切快乐。旅行回来之后，埃文在市中心租下一个更大的铺面，扩大经营；又在郊外买下几块地皮，等待有合适的机会，用来发展地产。**不满于现状的他，为自己定下了详尽的发展计划，他要靠自己的努力去完成人生所有的梦想。**

　　埃文53岁的时候，已经是一个大财团的总裁了。那天，他专程去拜访了他的老师珍道尔，他问老师，为什么在那样艰难的情况下，还要努力帮助一个腿有残疾的孩子完成一个或许并不可能完成的梦想呢？

　　珍道尔老师已经是白发苍苍了。他说："生意惨淡的那几年，因为一时无法从困境中摆脱出来，我也就无暇去顾及你的梦想了，并且，当时也并不觉得这样做有什么不妥当的地方。然而几年之后，当我在出差的路上听到一个让我慨叹和震惊的故事时，我改变了自己的想法。故事很简单：有几个在野外滑雪的孩子迷了路，在恶劣的天气里他们很快冻僵了。当被人发现送到医院之后，大多数孩子已经不治而亡，只有一个孩子奇迹般地活了下来。那个孩子回忆说，当时在快冻僵的时候，他心里一直有一个念头，他不能死，因为还有一个梦想等着他去实现，他要为病中的妈妈去实现这个梦想。就是因为这样一个梦想，给了他温暖，也给了生命一种激发和振奋，就像一床棉被、一味药、一束光亮，他坚持了下来。"讲完故事后，珍道尔老师接着说，"那个故事给了我很深的感触。那一天，我第一次真实地触摸到梦想对人生产生的不同寻常的意义。是的，不瞒你说，那一年我带着你出游，是背负着债务去的，我不想因为生意的惨淡，而让你因此放弃了人生的梦想。"

听完珍道尔老师的一席话，埃文已是泪眼模糊。他说："谢谢您了，只是，您完全可以等到手头宽裕的时候再帮助我。""不，孩子！"珍道尔老师说，"**我必须及早地让你知道，梦想不可能等人一辈子，而沸腾的人生是从给梦想升温开始的。**"

实际上，在这次与老师的长谈之前，埃文已经体会到了梦想给他的人生带来的变化，不同的是，那一天，他从中触摸到了另一种东西，那就是爱的温度。

对于残疾的埃文来说，他的梦想似乎遥不可及，但老师的行动，给了他莫大的动力。这种动力让他的梦想升温、起飞，翱翔于生命的天际。梦想藏于人的心底，就如冰凌凝于雪峰，要是没有阳光把它融化，梦想只能永远沉睡；但倘若有一股爱之暖流轻轻靠近，梦想会在瞬间被唤醒。

145

心灵悄悄话

XIN LING QIAO QIAO HUA

第五篇

激励成长的师爱

　　不要吝啬你的爱，把它奉献给需要关爱的人，哪怕你的给予是那么的微不足道。也许我们不经意的一个举动，就会给他人以力量，像文中的埃文那样，在残缺中走出完美无悔的人生之路。

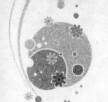
老师净化我们的灵魂

小树要长大，孩子要离开。曾经熟悉的面庞，那些美好的回忆，在春天的暖风中，分外清晰，又分外模糊，因为泪水的缘故。

孩子们的心纯洁无瑕、真诚透明如同晨露。这样的心容易激动。文叶老师的双眼迷迷蒙蒙。啊，真诚，只有真诚才能换来真诚，只有真诚才能净化灵魂……

上课的铃声响了，悠长又深沉。

文叶老师的脚步滞缓而沉重，双腿仿佛绑上了大沙袋。孩子们就要离开学校了，这是他们在小学的最后一课，过了暑假，他们就是中学生了，生活这本大书，又将翻开一页。她不愿意上这最后一课，但她又必须上好这最后一课。往事历历，别情依依。到底说些什么呢？还重复讲了多少次的叮嘱吗？

夏日的蓝天，万里无云，蓝得令人心醉。

文叶老师突然猛地转身，回到教员室，提了一个塑料兜又走回来。奇怪的是，她的脚步突然变得急促、有力而富有弹性了。

她静静地站在讲台上，脸上挂着孩子们熟悉的慈祥的微笑。

孩子们静静地坐在座位上，眼睛里蕴藏着无限的深情，就连平时铃一响就要打瞌睡的"老猫"，也抬起头来，显得格外精神。

文叶老师一个字也没讲。她慢慢地把提兜放在讲台上，然后一件一件地从里面往外掏东西。

是些什么东西呀？

一个塑料小发卡、一把小刀、两块已变得石头似的巧克力糖、几张花花绿绿的香烟纸、一把电子小手枪……

看着这些东西，孩子们大气不敢出，手心儿出汗了，心儿抽紧了，脸儿飞上了红晕。有人因害臊而羞愧地低下了头。文叶老师却微笑着默默地把这些小玩意儿一个一个地归还"原主"。这些小玩意儿都是她从孩子们的手里没收来的呀。当时，有的孩子不服气，顶撞她，有的往回要，往回抢，甚至往回"偷"。今天老师主动地还给他们时，他们怎么连瞅都不敢瞅了呢？

吴肖肖，这是你的发卡。那次上算术课，你一直摆弄它，结果一道简单的四则运算你都做错了。你知道吗？谁要是"游戏"知识，知识也将"游戏"他。到了中学，你可要注意啊！文叶老师的眼睛是这样告诉发卡的"主人"的。

赵小刚，这是你的小刀吧？你在课桌上刻你的姓名。你知道一张课桌凝集了多少工人叔叔的汗水吗？再说，**一个人的名字并不是刻在木板上就可以不朽，就是刻在石头上也不能万世流芳啊**。真正不朽的名字是刻在人们心灵上的。这一点，现在你可能不懂，将来你就明白了。文叶老师清澈如水的眼睛这样娓娓动听地说着……

沈飞飞，这两块巧克力不能吃了，留着做个纪念吧，老师真对不起你。你这个小馋猫，怎么上课时还吃糖呀！你爷爷、奶奶包括爸爸、妈妈都太宠你了，你生活在蜜罐里。还记得老师给你讲的故事吗？世界球王贝利生了一个儿子，朋友们纷纷前来祝贺，并预言小家伙将来准是个体坛明星，可是贝利却说："绝不可能，因为明星球员常常来自穷人之家。"是的，生活不都是甜的，你越长大会越感到，生活里更多的是苦、辣、酸、涩……文叶老师的眼睛眨了眨，一抹温暖的阳光在跳动，仿佛在问沈飞飞：孩子，你听懂了吗？

还有这把小手枪。乌黑的枪口，简直和真的一样。许大力，你爸爸是公安局局长。你说你长大了要当"警察局局长"。课间游戏时，你用难听的字眼咒骂"不服"你的小朋友，还用这把小手枪打他们，老师没收时，你的眼光是多么蛮横呀。孩子，不讲理的咒骂只能说明自己的

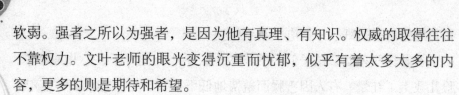

软弱。强者之所以为强者，是因为他有真理、有知识。权威的取得往往不靠权力。文叶老师的眼光变得沉重而忧郁，似乎有着太多太多的内容，更多的则是期待和希望。

文叶老师一件又一件地把这些没收来的东西还给孩子们。她一个字也没讲，也无需讲什么。然而，当她拿着12张邮票走到一个虎头虎脑的小家伙面前时却突然说话了——

"尤伟同学，这是你的邮票。'金陵十二钗'真漂亮！……老师对不起你。道歉的话不能带到中学去。请你原谅我。"

孩子们的目光一齐转过来，感情潮水载着一只只思绪的小船漂回了一年前……

文叶老师正在讲台上向新入队的少先队员致贺词，忽然听到从后排座位上传来的争吵声。她走过去，发现尤伟手里拿着"金陵十二钗"的邮票，当即把这位小集邮爱好者的心肝宝贝抢了过来，还打电话通知了尤伟的家长，结果尤伟三天未能来上学。事后，文叶老师隐隐地有些后悔。但是，她没有勇气向孩子承认自己的莽撞和粗鲁……

尤伟站了起来，眼睛红红的。

文叶老师的嘴唇哆嗦了一下，似乎想要说话，却终于没有说出来。她用手拢了拢花白的短发。这时，尤伟的同桌突然站了起来。他的脸涨得通红，也许是过于激动，他的话说得不连贯，也不完整，但孩子们还是听懂了。原来那次开中队会，是他把尤伟的"金陵十二钗"邮票从书包里翻出来，他喜欢得不行，就问尤伟在哪儿买的，尤伟一边悄声劝告他注意听老师讲话，一边机敏地从他手中夺回了邮票。谁料他又拿出"铁哥们儿"的脾气说，"别装蒜。你不告诉我，我可要抢了！"于是，两个人的争吵声被文叶老师听见了。后来，尤伟代他受过，他虽难受，可毕竟没有勇气站出来。"那都是我的错。老师，我……对不起尤伟……更对不起你……使你上火……"此刻，他已泣不成声了。

教室里出现了唏嘘声和抽噎声。孩子们的心纯洁无瑕、真诚透明如同晨露。这样的心容易激动。文叶老师的双眼迷迷蒙蒙。**啊，真诚，只**

有真诚才能换来真诚，只有真诚才能净化灵魂……

下课铃响了，孩子们呼啦一下围上来。他们扯着老师的衣服，牵着老师的手，把早就准备好的礼物——一张照片、一支奖品铅笔，一张珍藏的明信片，一件件亲手做的小手工艺品……争着抢着装进了老师的兜子里。许大力把那把乌黑的小手枪也送给了老师，他突然觉得它不那么重要了。女孩子们感情脆弱而细腻，有的轻轻地掸着老师衣襟上的粉笔灰，有的伏在老师的身上哭起来。尤伟的同桌拽着老师的手，大滴大滴的泪水打湿了文叶老师藏蓝色的衣袖……

老师，我们舍不得离开您。

老师，让我们再看您一眼，再看您一眼吧！

夕阳的余晖把西天染成了一片灿烂的红色。高大的白杨树直插云天，摇碎了即将覆盖大地的黄昏。一群带着哨音的鸽子翱翔在天空，仿佛美妙的音乐响彻宇宙。

孩子们还是走了。小树要成材……

心灵悄悄话
XIN LING QIAO QIAO HUA

曾经的错误，此刻也变成了美好的过去，那些无心的冒犯，都缩在记忆美好的一隅，静静地诉说。在平和的一切中，留下这个珍贵的故事。

第五篇　激励成长的师爱

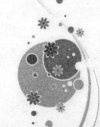

老师的宝贝

去干一番事业，你也会得到我的吻的。

查理·罗斯在 1901 年读高中毕业班时是最受老师宠爱的学生。他的英文老师是蒂莉·布朗小姐，年轻、漂亮、富有吸引力。

大家都知道查理颇得布朗小姐的青睐，由于布朗是校园里最受欢迎的教师，这就给查理心理上带来许多压力。

查理必须勤奋学习以捍卫"老师的宝贝"这一称号，他得比其他同学多读多学一点才成。尽管如此，别人还是在背后取笑他。他们说："查理将来若不成为一个人物，布朗小姐是不会原谅他的。"

正如你所想象的，查理后来真的成了一个了不起的人物，这大概与毕业典礼上发生的事情密切相关。毕业祝词完毕后，开始发毕业证书。当查理走上台去领取毕业证书时，受人爱戴的布朗小姐站起身来，出人意料地向他表示了个人的祝贺——她当众吻了查理！

不错，查理曾作为学生代表在毕业典礼上致告别辞，他也曾担任过学生年刊的主编，他也曾是"老师的宝贝"，但这就足以使他获得如此之高的荣耀吗？

毕业典礼之后，人们本以为会发生哄笑、嚣叫、骚动，结果呢？却是一片静默和沮丧。许多毕业生，尤其是男孩子们，对布朗小姐这样不怕难为情地公开表达自己的偏爱感到愤恨。有几个男孩子包围了布朗小姐，为首的一个质问她为什么如此明显地冷落别的学生。

布朗小姐并不惊慌，**她说查理是靠自己的努力赢得了她特别的赏识，如果其他人有出色的表现，她也会吻他们的。她说她是不会食**

言的。

如果说这番话使别的男孩感到好受些，它却使查理·罗斯感到更大的压力。他已经引起了别人的嫉妒，更是少数坏学生攻击的目标。他决心毕业后一定要用自己的行动证明自己值得布朗小姐报之一吻。

毕业之后的几年内，他异常勤奋，先进入了报界，后来终于大出风头，他被亨利·杜鲁门总统亲自任命为白宫负责出版事务的首席秘书。

现在看来，查理·罗斯被挑选担任这一职务绝非偶然。原来，在1901 年毕业典礼上带领那群男生包围布朗小姐并告诉她自己感到受冷落的男孩子正是亨利·杜鲁门本人。布朗小姐也正是对他说过："去干一番事业，你也会得到我的吻的。"

因此，毫不奇怪，查理·罗斯就职后的第一项使命就是接通密苏里州独立城蒂莉·布朗小姐的电话。罗斯向她转述了美国总统的问话：您还记得我未曾获得的那个吻吗？我现在所做的能够得到您的评价吗？

对待不同的学生，运用不同的引导方式，此为因材施教。

有的人，需要的是鼓励；有的人，需要的是刺激；而最终，百川归海，他们都会找到属于自己的路，走上精彩的人生。

老师的"吻"，是对学生的关爱和鼓励，更让学生感到老师时时都在关心和爱护着自己的学生。

于是，一个吻变得举足轻重。因为它，成就了一位总统和一位总统秘书。两个人，因为老师别具匠心的安排，终于等来了梦想的花开。

对于那些面对献给别人的鲜花和掌声暗自不屑，在以后的追求中总是不放弃的孩子，不需要太早地给予赞叹，而应该静静等待，终有一天，他会获得成功。

一次失败决定不了什么，失败只是暂时的，要敢于面对失败。失败了要找到失败的原因，找到原因，要对症下药，这样才会有进步。把头抬起来，敢于面对生活！

至今仍很难忘记那个夜晚，仍铭记着老师灯光下的语重心长："把握今天，努力不使它成为带有遗憾的昨天……"

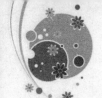
那是刚进行完的一次考试。我因为考得很糟糕，心情非常烦躁，灰心丧气，整天只觉得昏昏沉沉，无所事事。

那天是周日晚上，我们刚刚到校。随着晚自习的铃声落下，教室里顿时一片寂静。我坐在座位上，手中拿着一本书，翻来翻去的什么也看不进去。"新华，你出来一下。"这一声打断了我的遐想，我疾步走出教室。

当走到教室门口的时候，一股凉风扑面吹来，使我的身体直发抖，我想退回来。但是看到老师那单薄的身体在风中晃动，我把脚迈出了教室，走到了老师的面前。

老师用手理了理她那被风吹乱的头发，清了清嗓子，开始和我谈话："新华，你觉得这一阵子的学习怎么样？"我把头低下，默默无语。老师紧接着又追问了一句："是不是这次考试给你很大打击？"我点了点头，然后把头扎得更低了，不争气的泪水也涌出了眼眶。老师拍了拍我的肩膀又说："**一次失败决定不了什么，失败只是暂时的，要敢于面对失败。失败了要找到失败的原因，找到原因，要对症下药，这样才会有进步。把头抬起来，敢于面对生活！**"

我抬起头，远处黑暗的天空中有一颗闪闪发光的星星。我和老师面对面站着，昏暗的灯光撒在我们的身上，我们的影子投射在墙上，勾勒出了一幅人生最美的图画。这时老师又开口了："生命的意义在于过程，只要付出了，努力了，又何必太在乎结果呢？"

就是在我极度地想得到别人安慰的时候，老师，是您给了我安慰，使我重新燃起了心中的梦想，重新确定奋斗的道路。

感谢您，老师！

这样的故事，曾经有过太多太多，我们总是在感动中、在重新振作中看到希望的光辉洒在自己的头上。这样神奇的事，只有教师能够做到。

如果失败了，也不应气馁，不要伤心。生命的意义不在结果，而在于过程，只要付出，终得回报。生命中因为有了鼓励而变得有动力，老师的话如夜空中的北斗星，有它我们就不会迷失方向。相信如果重新振作，付出比以往更多的努力，成功一定会重新回到我们身边。灿烂的微笑一定会出现在我们的脸上。

心灵悄悄话
XIN LING QIAO QIAO HUA

只有教育工作者，才会看到孩子眼中的真正渴望。恰到好处的安慰和鼓励，也许就能挽救一颗濒临崩溃的心灵。简单的语言已有足够的分量，稳稳托起那只折断的翅膀，使我们抬头望着前方。

第五篇 激励成长的师爱

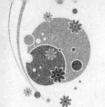
成长的轨迹

只要哪天能揭开蒙在他外表上的伪装。得到孩子诚心的信任，一切都会有转机。

办公室里同事们闲聊的对象常是学生。那一年，开学不久，坐在对面的王老师接一个班级，才没有几天就听到他喜滋滋地说："我今年的运气真好！这个班的家长也挺愿意配合，班上的素质很整齐，尤其有一个学生，将来有可能成为领袖人物！"到底发生什么大事，让王老师这么看好这个学生的未来？原来，当大部分一年级新生对学校都还不太熟时，这个学生竟然在班上发送自制的语音版学校地图。王老师展示那张稚气的手绘地图，很得意地说："我从来没遇见过这么有创意的学生！这张地图让他成为孩子王，但他一点都没有霸气，跟谁都合得来。才几天而已，他就显现了十足的领袖气质，真是不容易！"王老师的运气让大家十分羡慕，"得天下英才而教之"本来就是人生的一大乐事啊！我有点扼腕，我教自然课只教一到八班，王老师却在九班。不能教到这种天才性的学生，真有点遗憾呢。

王老师本来就是个负责任的老师，教到这一班，更激起他百倍的爱。他不时向我们报告班上学生的动态，那个未来可能当领袖的学生，更是他的最爱。他常这样引起话题："我们班那个十六号啊……"接着说的都是十分令人感动，不太像 7 岁孩子做的事。这个神秘的十六号，曾把自己的饭分一半给饭盒打翻的同学；曾义正词严地指责嘲笑别人跌倒的同学；曾在王老师感冒失声时，默默地泡一大壶胖大海加菊花……

我们已经习惯把这个十六号称作王老师的"宝贝"。据王老师说，十六号的爸爸只是退伍老兵，年纪超过六十岁了，妈妈是持有残障手册的小儿麻痹症患者。在家里爸妈几乎没有时间管他，这个十六号还是样样比别人强。每次谈到这儿，我们都不免感叹上天的安排：有的父母得花许多钱送孩子东学西学，生恐孩子输在起跑点，但是孩子却像扶不上墙的软泥，一没人叮咛就全然失控。十六号的父母为生活奔波，忙得根本没时间给孩子"加强"，但十六号的表现却是那么的好！

第二学期，原来教王老师班自然课的秦老师请假，为了亲眼目睹这神奇的十六号，我自告奋勇教他们班的自然课。第一堂课点名时，我仔细地看了看十六号。他穿着簇新的衣服，一副无精打采的模样，让人非常失望。这真的是王老师的宝贝十六号吗？再一次仔细看看他的名牌：10916，没错啊！就是让我如雷贯耳的十六号！我简单地问了几个上学期应该教过的概念，很多学生都举手发言。我一直很期待十六号的回答，可是他从头到尾只会呆呆地坐着，一双无神的眼睛盯着自己衣服上的纽扣。难道王老师一整学期的描述都是虚构的？我绝对不敢相信！没有任何一个老师会做这么无聊的事！

不用几天，我就发现：这个十六号简直是恶魔的化身！我几乎每节课都要调停他和同学间的纠纷：一下子是未经许可拿同学的东西，一下子是粗手粗脚动同学却不肯承认。他似乎非常容易动怒，一生起气，周围的同学都遭殃。我对孩子的容忍度已经算很高的，但也已经气得快打人。有几次我无计可施，只能从他身后紧紧地抓住他，希望他别又对同学动手动脚。我可以感觉到他原本僵硬的身体，在我的怀里慢慢地放松。从我怀里挣脱出去后，他会较为安分些，但他不能维持太久。

上过几堂课，我心中的疑惑已经多得快把我淹没，我实在不敢问王老师是怎么一回事。我很谨慎地回答王老师询问的问题："我们班还好吧？有没有什么问题？"我很留意地观察王老师的容颜，在他的脸上，看不出特别的烦躁。我无法从中推断十六号是否也造成他的困扰。除了多上两节课外，我又报名研习中心的一项长期研究计划，所以这一学期我很少在办公室待着。不是去上课，就是去找资料，我很少再加入办公室中分享经验的对话，所以也没再听到十六号神奇的事迹。另一方面，我实在不好意思问：为什么十六号的表现这么差？我总会想到"南橘北枳"的典故，按照理论，从学生可以看到老师的影子。十六号如果真的在王老师面前和在我面前有这么大的差异，那不是表示我教得不够专业吗？一想到这点，就让我心里非常不安。我像穿新衣的国王，恐怕别人戳破谎言，发现真相，知道真正的问题是在我身上。

我有些后悔接了秦老师的工作，如果不接，也许我可以听到更多有关十六号的"报道"。可以确定的是，我一定不用常常生自己的气，气这个十六号打断我的上课，把教室弄得鸡飞狗跳。然而，我从来不是一个容易轻易放弃的老师，既然问题是出在我的身上，就得在别人发现前赶紧补救，我想好好改变我的态度。于是，我对十六号用了加倍的心力。两节课的下课时间，我把他叫到身边，有时逗他说话，有时请他帮我做事情。当我提出问题时，我总是把眼光转向他，一种非常温柔、期待的眼神。我的问题不难，又会在提问时加了许多暗示，答案几乎是呼之欲出。其他的同学老早举着手挥舞着，急切地希望我赶快点他们起来发言。我常把教室的气氛弄得像一锅沸腾的水，因为我在等，希望十六号能主动举手发言，恢复他应有的表现。终于，有一天十六号能主动举手发言，我像中了特等奖一样，赶紧请他站起来。天啊！真不愧是王老师的宝贝，他回答得非常好，我忍不住请全班为他鼓掌！

有了这一次的打破僵局，我和十六号之间逐渐建立了信任。我知道他家没有很多的钱买课外书，就把自己买的科学童话借给他。我不经意地问他书中的内容，他都能一一回答。当他把我这套书都看过了，我叫他可以到图书馆借书了。隔了一个星期，他捧着自己借的书给我看，自告奋勇地说，愿意在课堂中讲一个关于影子的故事。就像磨合过的汽车，我们之间的沟通越来越顺畅。我隐约感觉到他很喜欢我，也很愿意在我面前有好表现，这点让我十分欣慰。有一次，我摸摸他的头，随口问了句："是谁给你洗头的呀？"下一次的自然课，他像一只甜蜜的小猫依在我身旁说："老师你摸摸看，昨天是我自己洗头的喔！"看着那个小小的头颅，我想到这几个月驯服他的过程，心中产生了许多想法。**还好，我终于找到了问题的所在，不然传出去说我把别人的资优生教成问题学生，那是多么丢脸的事啊！**

我承认我对十六号是有点偏心，但对一个好学生有偏爱的心是应该的。自从他恢复了该有的水准，班上的气氛好极了，我教起来很有成就感。我渐渐能体会到王老师津津乐道的原因，现在连我也忍不住想把心中的得意告诉别人呢！

学期结束时，我要学生做两张图文报告。才一年级的孩子，我不敢要求太多，只要他们能正确地剪取报章或杂志的资料，端端正正地贴到资料本上，然后写一段短短的心得报告就好。我把所有班级的作业堆在桌上，如果真要仔细看完这些作业，得花许多时间，我只能走马观花地浏览过去。但是，我忍不住被十六号的作业吸引住。这一学期他看了不少课外书，他的报告竟然是十篇读书心得。他用充满童心的语气写下对这些动物故事的看法，还画上美丽的插画，这已经不是简单的短文，而是一篇篇精彩的文学作品。我忍不住把这份作业拿到王老师面前，夸赞他的十六号。

谁知王老师一脸茫然，仿佛完全不知道我说什么。我把作业推到他面前，提醒他："你说过的呀！那个你的宝贝呀！会自动把东西和别人分享，很有领袖气质的十六号呀！"王老师了解了，不过他张大了嘴，很惊讶地说："你说那个十六号呀？那是上学期的事了。那个十六号转学了，来了一个转学生，因为正好男生，我就把十六号这个号码给了他。这个十六号是个问题学生，在前一个学校待不住才转来的，和原来的那个十六号完全两样。他刚来的时候，只要他一进教室，全班同学就开始神经紧张。好几个老师向我反映过，只有你没来告过状。我吓也吓了，骂也骂了，还送去训导处两次。我和家长天天打电话，都快烦死了。后来不知怎么一回事，他慢慢变好了，应该是渐渐能适应学习生活了吧？"王老师接过作业，看了看说："这真的是他做的吗？他写在联络本上的生活小记，也没写得这么好呀！"

157

第五篇 激励成长的师爱

王老师不敢相信地翻着作业，长久以来在我心中的疑惑终于一点一点解开，原来两个学期的十六号是不同的人呀！我在学期初见到的"暴乱"场面，也并不是针对我的，我在毫不知情的情形下，竟然拥抱着一个这么大的秘密！我决定不把事情对王老师说得更清楚，毕竟这是我自己的秘密。从这次以后，每当遇到表现失常的孩子，我总是抱着期待。始终坚定地相信，只要哪天能揭开蒙在他外表上的伪装，得到孩子诚心的信任，一切都会有转机。我愿意每个孩子，都是潜力无穷的"神秘的十六号"！

因老师的错爱与关怀，改变了一个孩子的成长轨迹。从此，孩子有了自信，有了勇气。他学会了用自己的脚踏住通往成功之路的每一块青砖。于是，伴着老师描绘的轨道，他开始谱写新的生命乐章。

经过不懈的努力，不言放弃的追求，终于有了意料之中的结果。真相大白，震撼大于欣慰，惊喜大于快乐。于是，我们渴望释放更多的光芒。即使要承受更多困难，我们仍希望能创造自己的价值，去开创更广阔更美丽的前景。

心灵悄悄话
XIN LING QIAO QIAO HUA

美丽的生命终于在召唤中复苏，只为在幸福抵达之前准备好迎接的行囊，然后与幸福一起启程上路。

无价的珍珠

那是我中学毕业前夕，我们20位毕业生，被召集起来开会。

我们的科学老师约克先生过早地秃了头，不过，他的蝴蝶领结配上他那副有角质架的眼镜就显得富有个性了。他递给我们每人一只用缎带系着的白色小盒。

"在你们的盒里，"他说道，"你将可看到镶有小粒珍珠的手镯或领夹，那珍珠意味着你们的潜能，这个世界是牡蛎，你们犹如放入牡蛎中的一粒籽，能长成一颗无价的珍珠，所以，你们每个人都拥有一颗伟大的种子！"

我依稀记得从我懂事起，母亲就每星期从她杂货店挣的钱中留下几美元供我和姐姐玛丽安娜将来上大学用。

我中学毕业后和丹结婚了，丹大学毕业时，我们有了第二个孩子，沉重的家庭担子使丹放弃了自己的事业，参了军。我们过着极不稳定的生活，我凝视着手腕上的小珍珠，想不出我有什么"伟大"的潜能，最后，我把手镯塞进了抽屉。

过了10年接连不断的搬迁生活，丹终于找到了一份文职工作，最小的孩子也上学了。我开始投身于儿童剧院、合唱团，弹奏风琴，帮助那些因病或有事而闲居家中的人做好事。我还做过百货公司的营业员、花店管理员、心肺健身法教员，甚至邮递员。

我忙极了，我帮助别人，又为自己增加了收入。不过，我会打开抽屉，看着手镯沉思：我做的哪一件事会像约克先生对那颗小"种子"所寄予的希望那样呢？

晚上，我在床上翻来覆去不能入睡，昔日上大学的目标时时在我脑中萦回。但我已经是 35 岁了！已有 17 年没有参加过考试了。

我母亲大概猜出了我的心思，一天下午我们通电话时她说："玛西娅，还记得为了想让你上大学而存蓄的那笔钱吗？它还在呢！"

我拿着话筒发愣，我决心要实现母亲的梦想。

6 个月后，我鼓起勇气，进了附近一所大学。我的能力测试报告指出，我很适合当教师，我简直难以置信，教师是像约克先生那样充满信心的人。然而，我还是注册了教师进修课程。可是，读到第二学期的期末时，我想退学了。在大学，我要跟比我年轻一半的聪明伶俐的同学展开竞争。到了家里，由于没有人做家务，大家只能吃泡面，屋子里又积满了灰尘。

在我大学一年级的一个下午，我上完了一堂特别紧张吃力的课后，噙着泪驱车回家。"上帝啊！"我祈祷，"如果您真的想让我留在大学学习，请给我引路吧。"

说来也巧，几天后我竟在牙诊所碰到约克太太，我告诉她那颗小珍珠怎样激励我重返校园。"但是，功课实在太难了，"我抱怨道。

"我很理解你，"她同情地说，"我丈夫也是到了 30 岁才开始上大学的呢！"

她跟我讲述她丈夫的奋斗经历，我听得入神，我原以为约克先生已执教多年。

那次的巧遇使我坚持读完了以后的 3 年。

大学毕业时，我已经发觉并领悟了约克先生当年所看到的"潜能"是什么了。我在当地一所中学教英文，我力争把日常生活寓于教学之中，我把教学生广泛阅读报纸、领他们参观工厂、邀请社会名人到学校做报告看得与教授莎士比亚文学一样重要。

第一学年快要结束时，校长提名授予我首年教学优秀奖，我简直受宠若惊。申请这种奖，本人必须讲出其中的某位老师曾经如何唤起自己执起教鞭的。当然，我叙述了小珍珠的故事。1990 年 9 月，我荣获

"百名教师首年教学优秀奖"，更重要的是约克先生也获得了"教师贡献奖"。当我们两个接受记者的采访时，我才发觉时间竟如此的巧合：约克先生明年就要退休了。

那天，约克先生向记者说，他年轻时缺少自信，是什么促使他回心转意呢？"看到别人信任我。"他说道。

突然，我仿佛又看到了在科学教室正在打开白色小盒子的 20 位同学。"那就是我们的共同点，是吗？"我恍然大悟，"那些你赠送珍珠的学生都是你认为缺乏自信的年轻人。"

"不，你们都是我认为怀有伟大种子的年轻人。"约克先生回答道。

心灵悄悄话
XIN LING QIAO QIAO HUA

遇上了困难，老师会在我们耳边鼓励道："战胜自己，超越自己，努力跳过这挡在你前面的坎，去燃烧你的青春！"

第五篇　激励成长的师爱

第六篇　仁爱的课堂

学生认识老师，认可老师，大部分是通过教师在课堂上的教学过程的表现来达成的。一位学生认可的好老师，除了要有严格、负责的工作态度，更应该给学生一种可亲和可敬的感觉，而要想让学生有这种情感感知，就需要老师在课堂教学中时时流露出对学生的"爱"。

润物无声，无微不至，老师的爱像一阵细雨洒在我的心田。

十几年的寒窗苦，有多少孩子是浑浑噩噩般度过。直至最终，在即将错过这样的机会之时，才幡然悔悟。我们相信，很多人的青春，将在仁爱的课堂一路高唱。

人生的课堂

面对困难的时候，所有看过这尊雕像的学生，定然会想起那个寒冷的冬日里，那个刚毅的形象，以身作则的典范，教会学生一个简单的道理。

面对困难，许多人戴了放大镜，但和困难拼搏一番，你会觉得，困难不过如此。

那天的风雪真大，外面像是有无数发疯的怪兽在呼啸厮打。雪恶狠狠地寻找袭击的对象，风呜咽巷四处搜索。

大家都在喊冷，读书的心思似乎已被冻住了。一屋的跺脚声。

鼻头红红的欧阳老师挤进教室时，等待了许久的风席卷而入，墙壁上的《中学生守则》一鼓一顿，开玩笑似的卷向空中，又一个跟头栽了下来。往日很温和的欧阳老师一反常态：满脸的严肃庄重甚至冷酷，一如室外的天气。

乱哄哄的教室静了下来，我们惊异地望着欧阳老师。

"请同学们穿上胶鞋，我们到操场上去。"

几十双眼睛在问。

"因为我们要在操场上立正五分钟。"

即使欧阳老师下了"不上这堂课，永远别上我的课"的恐吓之词，还是有几个娇滴滴的女生和几个很横的男生没有出教室。

操场在学校的东北角，北边是空旷的菜园，再北是一口大塘。

那天，操场、菜园和水塘被雪连成了一个整体。

矮了许多的篮球架被雪团打得"啪啪"作响，卷地而起的雪粒雪团呛得人睁不开眼张不开口。脸上像有无数把细窄的刀在拉在划，厚实的衣服像铁块冰块，脚像是踩在带冰碴的水里。我们挤在教室的屋檐下，不肯迈向操场半步。

欧阳老师没有说什么，面对我们站定，脱下羽绒衣，线衣脱到一半，风雪帮他完成了另一半。"到操场上去，站好！"欧阳老师脸色苍白，一字一顿地对我们说。谁也没有吭声，我们老老实实地到操场上排好了三列纵队。

瘦削的欧阳老师只穿一件白衬衫，衬衫紧裹着的他更显单薄。

后来，我们规规矩矩地在操场上站了五分多钟。

在教室时，同学们都以为自己敌不过那场风雪，事实上，叫他们站半个小时，他们顶得住，叫他们只穿一件衬衫，他们也顶得住。

困难像弹簧，你弱它就强。

至理名言说得再好，也不如片刻的亲身体验让人难忘。

经历了，也就彻悟了。这样的回忆，如何能忘，风雪猖狂地肆虐着每个人。似乎所有的人都屈服了，唯有坚强的老师站在前面，无所畏惧。风来了，他不动；雪来了，他不摇。坚强的身影，如雕像般，早已摄入学生的心中，形成无形的力量。

我是一棵树，沐浴着智慧的阳光。在您知识的土壤里，我感受到天的深情，地的厚爱。我茁壮地成长。我将您的智慧一圈一圈铭刻在我心里，生生世世，永不忘怀。

窗外有悄悄说话声，叽叽喳喳。我故作严厉地大声问："谁呀？"说话声顿止，突然又响起一阵哄笑，接着是一群人逃离时纷乱杂沓的脚步声。山村里，惊起几声响亮的犬吠。

我拿起书走出屋子。我知道，那是我的学生们，他们是来叫我去学校的。我们这里是山地，学生居住分散，到学校要翻山、穿林、过河，走不少的路。

为了大家的安全，学校不让学生晚上到校自习。但是，学生几次向我提出，晚上要到学校做功课，并提出了许多理由，什么家里没通电，一盏油灯一家人争着用啦，什么家里人口多、太吵、不安静等等。总之，好像不到学校就无法完成功课似的。见我还是不同意，学生就提出了折中的办法：没有月亮的晚上在家做功课，有月亮的晚上，就到学校去。我仍不同意。

其实，我不同意是出于个人的"私心杂念"。因为，晚上是我唯一可供自己支配的业余时间，我得充分利用这点时间，静下心来读读写写。可是，到了有月亮的晚上，就有一群群学生来我家里，他们问我在家干啥。我说看书。他们就说，那咱们赶快去学校吧，你看书，我们做功课，那多好！我逗他们：说说看，好在哪里？于是，他们就笑，而且笑而不答。

学生这样"烦"我，我不讨厌，也不生气，因为爱学生是教师的天职。于是就腋下夹着两本书，同学生们一起踏着月色去学校。深秋之时，夜凉如水，真有点儿"凉露霏霏露沾衣"的感觉。

长空里，纤尘不染。圆圆的月亮很洁净，挂在树梢上，看上去湿漉漉的，仿佛清水刚刚洗过一样。香盘河波光粼粼，如涌动着一河月亮。我们沿着长满杨柳的河堤走着，时而走在树影里，时而走在月光下，这恰似走在"晚凉天净月华开"的意境之中。

学生们簇拥着我，蹦蹦跳跳，书包里的铁皮文具盒叮当作响。他们大声嚷，高声笑，全然没有了平时课堂上的拘谨。偶尔谁还"啊——嗬——"地喊一嗓子，肆意挥洒着心中的快乐。在这样的氛围里，学生们最能敞开心扉，一下子缩短了师生之间的距离。他们肯把埋在心底的话讲给我听，肯把不宜外传的家事告诉我。师生间的关系，这样和谐，也如月光似的柔和了。

一路欢乐一路歌，到了学校走进教室后，学生们的言行马上收敛了。见我坐在桌前翻开书，他们便不再说笑，一个个轻手轻脚坐到位子上。

这时，一阵翻动文具的响声之后，教室里便渐渐安静下来。他们开始做功课，女孩子的头发从耳边垂下，遮住了半边脸，男孩子的小眉头微皱，一本正经的样子。那天真、幼稚、淳朴的神情很是悦目。有时候，有的学生偶然抬头向前看，师生目光相遇，都相视一笑。有时，有的学生会歪着头，拿起橡皮，用夸张的动作擦本子，擦完了，又抬头朝老师望一眼，娇态可掬。

看一会儿书，我站起来在教室里巡视，并轻声指点。发现有的学生写得很快，字却不工整，不用批评他，只要走到他身边停一下，他写字的速度就骤然放慢，字也马上变得规规矩矩。我刚一离开，背后就响起了轻轻的撕纸声。不用问，他一定是重写了。双方谁也没说一句话，但又分明是进行了一次"对话"。

月光下的晚上，窗子大开，夜风悄然潜入教室，能感触到额际的发丝被风拂动着。窗外的大叶杨不时发出沙啦啦的响声。学生说得不错，我看书，他们做功课，大家无言地相互守着，这样的确很好。

但我是不会让学生在学校待太长时间的。时间久了，他们的家长会惦记。只要功课一做完，马上赶他们回家。学生说："你不走，我们也不走。"我说你们先走吧，可以一边走，一边唱歌，我坐在教室里听你们唱，等听不到你们的歌声时，我再走。

终于，大家快活地答应了。他们一出校门就唱起来，而且故意大声唱。我想，他们一定是笑着唱的吧？山村的夜晚很宁静，那歌声，那夹带着稚气的童声，显得极为清亮，且传得很远很远。清脆的歌声不时惊起此起彼伏的狗叫，寂静的夜一下子被搅乱了，于是，喧闹起来，生动起来。

听着学生们的歌声，我能准确地判断出哪几个学生朝哪个方向分路了，进了哪道沟，上了哪条岭……歌声渐远渐弱。终于，完全消失，狗也不叫了。夜又归于宁静，像搅动的水又重新平复了。这时，只有明亮的月光，默默地照着山野、村庄。那阵喧闹，如幻觉一般，让人怀疑是不是真的发生过。

那些有月亮的晚上，真美！

静谧的村庄，来来回回走动的身影。在淡淡的月光下，宁静的村庄里回荡着学生们的歌声。唯美的画面，唯美的景象。

彼此的爱，彼此温暖。冷清的山岭中，歌声渐行渐远，心中愈来愈静。

一成不变的安谧，如同幻觉般静静流过。心中的莫名，小小的触动，都因这份感怀变得让人珍惜。

心灵悄悄话
XIN LING QIAO QIAO HUA

平淡的生活，有着无痕的波，悄然滑过的每一天，都在憧憬中度过。张开幸福的翅膀，绕过雪地拥抱了孩子火热的心，也就拥抱了整个冬日的暖阳。

第六篇　仁爱的课堂

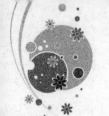

老师灯塔般的背影

小小的教室是您的家园，三尺讲台是您的舞台，学生就是您可爱的孩子。在这小小的教室里，是您用双手描绘出他们心中的蓝图，是您把整个世界融入他们的心灵。您无怨无悔，您甘心付出！

我曾不止一次地回味这件事，告诫自己与其提心吊胆去争取那些不属于自己的东西。不如本本分分地做人更踏实。倘若当时我受到了平时作弊者应有的处罚，或许也能警醒我，但绝不可能有如此的刻骨铭心，让我受用一生。

凡是20世纪90年代初期的学生，每学期都要经历周考、月考、会考、统考，其中还时不时要穿插小测验、小竞赛。我是在考场中"泡大"的一代人之一，接受的考试不胜枚举，有一场考试却让我刻骨铭心……

那是一个阴天的下午，原设在学校大操场上的露天考试，由于阴天临时改在教室进行。我参加初三化学的期中考试，答完了所有的题目，唯有一道是非辨析题弄不准。我再次仔细审查该试题后，惊喜地发现，这不正是我刚买的那本《精选化学例题》上的一道例题吗？复习时，因感到题偏难才没有去细琢磨。眼下，这本《精选化学例题》正放在我的课桌里。我按捺不住，该死的手慢慢伸向它，刚翻开，背后伸出一双大手，像老鹰抓小鸡似的叼走了书本。我转身一看，正是监考老师，他满脸愤怒，当场在我试卷的右上角用圆珠笔签上了"作弊"两字。整个过程不足一分钟，我却仿佛做了一场噩梦。想着被班主任、父母知道的后果，想着自己的名字会在校门口的黑板上公布出来，想着考试前自己一边放着牛、打着猪草，一边背题目付出的努力，我的眼泪滴在了试卷上。我多么希望我的眼泪能感化监考老师，企盼着他能把这可恶的"作弊"两字擦掉。

放学了，我不敢回家。已经转晴的空气中弥漫着湿润的雾气，天边一抹晚霞也躲在了山后，夜幕笼罩下来。这时，教我们化学课的杨老师来到教室，他三十开外，性情温和，说话慢条斯理。当他从我吞吞吐吐的叙述中得知事情的经过后，出乎我的意料，他没有半句的训斥，只是宽厚地拍了拍我的肩膀，让我快点回家，免得父母牵挂。

考试后的第一节化学课，坐在课堂上的我，心突突地跳个不停，就像囚犯等待法官的宣判。看着同学们依次走上讲台领取老师批改后的试卷，我越发为自己的不诚实感到愧疚。"徐学红"，杨老师点到我的名字，我内疚地走上讲台去领那张写有"作弊"两字的考卷。那是我永远也不能忘记的一刻，我领到的是一张缺角试卷，写有"作弊"的右上角已经被人剪掉了，得分栏上赫然用红笔写着大大的 92 分。我感动得鼻尖发酸，发誓要一辈子感谢杨老师，一生诚实做人，永不再做这种丢脸的事。

发生在 1990 年秋天的这次期中考试，让我对"宽容"和"原谅"有了独特的体验，它让我明白了有时宽容比指责更能催人自新，原谅比惩罚更能净化灵魂。严格的处罚像外科手术，能治病，但病人承受了很多痛苦，不得已而为之；原谅一个人的过错，就像一服苦涩的中药，余味绵长，由里及外，拔毒祛病。我曾不止一次地回味这件事，告诫自己与其提心吊胆去争取那些不属于自己的东西，不如本本分分地做人更踏实。倘若当时我受到了平时作弊者应有的处罚，或许也能警醒我，但绝不可能有如此的刻骨铭心，让我受用一生。

老师的宽容安抚了一颗稚嫩的心灵。在老师善意行为的影响下，一个学生的命运得以改变。以后，生命不再彷徨，错误不会重演，因为这一次的警醒在心里永远作为烙印留在了心底，不会遗忘。

对于老师，我们要感谢他们一直以来的教育。无知时，老师给我们

第六篇　仁爱的课堂

上了人生的第一课；遇到挫折时，老师对我们谆谆教导，引导我们重新振作，站立起来。刻在木板上的名字未必不朽，刻在石头上的名字亦未必永垂千古，而刻在我们心灵深处的老师的名字，将真正永存！

上初三的时候，人气最高的是语文老师孙老师。他不但讲课讲得有特色，待人处事也是无可挑剔。最叫人难忘的是每堂课上班长喊起立之后，他总要鞠躬还礼后才正式上课。

孙老师最讲信用，答应我们什么事情，他总会做到。对学生来说，孙老师就是我们学习做人的一本活教材。孙老师所说、所做的，几乎成了我们的行动指南。

中考前几天的一个下午，第三节课是语文辅导课。

上课铃打响，进来的却不是孙老师，而是我们的班主任李老师。

"同学们，孙老师有点事情，不能来上课了。不过他让我转告大家，放学前，他一定赶回来，把大家的课补上去。"

那时我们还小，谁也没有去想孙老师会有什么事，也没有人想问，但大家都认为，孙老师到时候一定会来上课。

放学的铃声响了，孙老师还是没有来。

大家谁也没有动，因为同学们都相信，孙老师一定会来。时间一分一秒地过去，教室外站满了接孩子的家长。一刻钟过去了，不少家长走进教室领孩子，但没有同学走。

"孙老师说了，他一定会回来的。"

校长过来了，他轻声地告诉大家，一个小时以前，孙老师的家属出了车祸，正在医院抢救。孙老师可能不会回来了，大家可以回家了。

不少家长再次走进教室领孩子，但依然没有人动，同学们还是认为，孙老师说过他会回来，就一定会回来，他一定会回来的。

当教室里正因家长劝孩子回家而出现骚动时，孙老师的身影出现了。他来不及擦掉额头的汗水，就向依然在教室外的家长深深地鞠了一躬，连连说了几个"对不起，请原谅"。然后他走进教室，又向我们深深地鞠了一躬："对不起，让大家久等了，今天就不必起立了，我们直接上课。"

教室内外静得出奇。

孙老师平静地讲完了准备的课程，再次向同学们深深地鞠了一躬："谢谢大家的支持。我还有点事，有什么不明白，明天继续。"

然后，对着教室外的家长们又是深鞠一躬："给你们添麻烦了，请多原谅。"

不一会儿，他的身影消失在全体同学和家长的目光中。

中考后我们才知道，孙老师的家属在那一次车祸中去世了。

同学们泣不成声。

那个下午，孙老师的鞠躬一直深深地印在我们的记忆里。成为一名教师以后，孙老师那几个抱歉的鞠躬一直作为我衡量自己对待学生和做人做事的准则，并成为我人生中的一笔最宝贵的财富。

难忘的一鞠躬，成为学生做人做事的准则，于是我们的内心深处有种歉意的感觉。

心灵悄悄话
XIN LING QIAO QIAO HUA

因为有了老师灯塔般的背影，我们在遇到困难时不再会迷失方向，老师的坚毅像明灯一样照亮了我们前进的道路。即使我们遭遇了不幸，也不要放弃和绝望。因为重新启程的地方，一定会有一个崭新的天堂。

第六篇　仁爱的课堂

一堂阅读课

孩子们，无论走到哪里，我们都是需要朋友的。我们的朋友不一定是仙女，但是，我们需要他们，我也希望你们有很多很多的朋友。

上课铃响了，孩子们跑进教室，这节课老师要讲的是《灰姑娘》的故事。

老师先请一个孩子上台给同学讲一讲这个故事。孩子很快讲完了，老师对他表示了感谢，然后开始向全班提问。

老师：你们喜欢故事里面的哪一个？不喜欢哪一个？为什么？

学生：喜欢辛黛瑞拉（灰姑娘），还有王子，不喜欢她的后妈和后妈带来的姐姐。辛黛瑞拉善良、可爱、漂亮，后妈和姐姐对辛黛瑞拉不好。

老师：如果在午夜12点的时候，辛黛瑞拉没有来得及跳上她的南瓜马车，你们想一想，可能会出现什么情况？

学生：辛黛瑞拉会变成原来脏脏的样子，穿着破旧的衣服。哎呀，那就惨啦。

老师：所以，你们一定要做一个守时的人，不然就可能给自己带来麻烦。另外，你们看，你们每个人平时都打扮得漂漂亮亮的，千万不要突然邋里邋遢地出现在别人面前，不然你们的朋友要吓着了。女孩子们，你们更要注意，将来你们长大和男孩子约会，要是你不注意，被你的男朋友看到你很难看的样子，他们可能就吓昏了（老师做昏倒状，全班大笑）。

好，下一个问题：如果你是辛黛瑞拉的后妈，你会不会阻止辛黛瑞拉去参加王子的舞会？你们一定要诚实哟！

学生：（过了一会儿，有孩子举手回答）是的，如果我是辛黛瑞拉的后妈，我也会阻止她去参加王子的舞会。

老师：为什么？

学生：因为，**因为我爱自己的女儿，我希望自己的女儿当上王后。**

老师：是的，所以，我们看到的后妈好像都是不好的人，她们只是对别人不够好，可是她们对自己的孩子却很好，你们明白了吗？她们不是坏人，只是她们还不能够像爱自己的孩子一样去爱其他的孩子。

孩子们，下一个问题：辛黛瑞拉的后妈不让她去参加王子的舞会，甚至把门锁起来。她为什么能够去，而且成为舞会上最美丽的姑娘呢？

学生：因为有仙女帮助她，给她漂亮的衣服，还把南瓜变成马车，把狗和老鼠变成仆人……

老师：对，你们说得很好！想一想，如果辛黛瑞拉没有得到仙女的帮助，她是不可能去参加舞会的，是不是？

学生：是的！

老师：如果狗、老鼠都不愿意帮助她，她可能在最后的时刻成功地跑回家吗？

学生：不会，那样她就可以成功地吓倒王子了。（全班再次大笑）。

老师：虽然辛黛瑞拉有仙女帮助，但是，光有仙女的帮助还不够。所以，孩子们，无论走到哪里，我们都是需要朋友的。我们的朋友不一定是仙女，但是，我们需要他们，我也希望你们有很多很多的朋友。

下面，请你们想一想，如果辛黛瑞拉因为后妈不愿意她参加舞会就放弃了机会，她可能成为王子的新娘吗？

学生：不会！那样的话，她就不会到舞会上，不会被王子看到、认识和爱上她了。

老师：对极了！如果辛黛瑞拉不想参加舞会，就是她的后妈没有阻止，甚至支持她去，也是没有用的，是谁决定她要去参加王子的舞会？

学生：她自己。

老师：所以，孩子们，就是辛黛瑞拉没有妈妈爱她，她的后妈不爱她，这也不能够让她不爱自己。就是因为她爱自己，她才可能去寻找自己希望得到的东西。如果你们当中有人觉得没有人爱，或者像辛黛瑞拉一样有一个不爱自己的后妈，你们要怎么样？

学生：**要爱自己！**

老师：对，没有一个人可以阻止你爱自己，如果你觉得别人不够爱你，你要加倍地爱自己；如果别人没有给你机会，你应该加倍地给自己机会；如果你们真的爱自己，就会为自己找到自己需要的东西——没有人能够阻止辛黛瑞拉参加王子的舞会，没有人可以阻止辛黛瑞拉当上王后，除了她自己。对不对？

学生：是的！

老师：最后一个问题，这个故事有什么不合理的地方？

学生：（过了好一会儿）午夜12点以后，所有的东西都要变回原样，可是，辛黛瑞拉的水晶鞋没有变回去。

老师：天哪，你们太棒了！你们看，就是伟大的作家也有出错的时候，所以出错不是什么可怕的事情。我担保，如果你们当中谁将来要当作家，一定比这个作家更棒！你们相信吗？

孩子们欢呼雀跃。

在老师的眼里，学生的一笑一颦都是可爱的。

心灵悄悄话
XIN LING QIAO QIAO HUA

老师对学生的答案没有丝毫的否定，所有的都是正确，所有的回答都酝酿着另一种美丽的故事。这样的一堂课，在孩子不远的将来，将会出现多少奇迹，多少美丽的期望。

宽厚的师爱

　　我们这些学生都上了张教授的最后一堂课，他这次没有提到做生物，他只教了我们一个道理："你们应该关心不幸的孩子。"这也是爱一生中最重要的一堂课。

　　张教授是我的老师，也是我们大家都十分尊敬的老师。他在微生物学上的成就，可以说是数一数二的；他的专著，也被大家列为经典。张教授终生投入教育，桃李满天下，我们这些和微生物学有关的人，多多少少都应该算是张教授的学生。

　　张教授身体一直很硬朗，可是毕竟岁月不饶人，张教授近年来健康状况大不如从前。去年他曾经住过一次院，今年，他再度住院，他的情形每况愈下。张教授当然也知道他的大限已到。他是一个非常开朗的人，也有宗教信仰，所以他对死亡很能接受。他说他也没有什么财产要处理，但是他十分想念他的学生，有些学生一直和他有联络，也都到医院来看过他，但有好多学生已经很久没有和他联系了。

　　张教授给了我一份名单，全是和他失去联系的学生，要我将他们一一找出来。一般说来，找寻并不困难，大多数都找到了。有几位在国外，也陆陆续续地联络上了。有些特地坐了飞机回来探病，有些打了长途电话来。在这一份名单中，只有一位学生，叫杨汉威，我们谁都不认得他，所以我也一直找不到他。后来，我忽然想起来，张教授一直在一所儿童中心教小孩子英文和数学，也许杨汉威是那里的学生。果真对了，那所儿童中心说杨汉威的确是张教授的学生，可是他初中时就离开了，他们也帮我去找，可是没有找到。

就在我们费力找寻杨汉威的时候，张教授常常在无意中会说："第21页。"晚上说梦话，也都是"第21页"。我们同学于是开始翻阅所有张教授写过的书，都看不出第21页有什么意义，因为张教授此时身体已经十分虚弱，我们不愿去问他第21页是怎么一回事。

张教授找人的事被一位记者知道了，他将张教授找杨汉威的故事在媒体上登了出来。这个记者的努力没有白费，杨汉威现身了。

我那一天正好去看张教授，当时医院已经发出了张教授的病危通知，本来张教授可以进入特护病房，但他坚决不肯，他曾一再强调他不要浪费人类宝贵的资源。我去看他的时候，他的声音已经相当微弱了。

杨汉威是个年轻人，看上去有二十几岁。他匆匆忙忙地进入病房，自我介绍以后，我们立刻告诉张教授杨汉威到了。张教授一听到这个好消息，马上张开了眼睛，露出微笑，用手势叫杨汉威靠近他。张教授的声音谁都听不见，杨汉威将耳朵靠近他的嘴，一边用极大的声音跟张教授说话。从张教授的表情来看，他一定是听见杨汉威的话了。

我们虽然听不见张教授的话，但听得见杨汉威的话，听起来是张教授在问杨汉威一些问题，杨汉威一一回答。我记得杨汉威告诉张教授，他没有念过高中，但念过补习学校。他一再强调他从来没有学坏，没有在不良场合做过事，也没有在夜市卖过非法光碟，他现在是个木匠，平时收入还可以，生活没有问题，还没有结婚。

张教授听了这些回答以后，显得很满意，他忽然叫杨汉威从他的枕头后面去拿一本书，这本书是打开的。张教授叫杨汉威开始念打开的那一页。这本书显然是一本英文入门的书，这一页是有关 verb to be 的过去式 I was you were 等例子的。杨汉威大声地念完以后，张教授叫他做接下来的习题。杨汉威开始的时候会犯错，比方说，他常将 were 和 was 弄混了。每次犯了错，张教授就摇摇头。杨汉威会偷偷地看我，我也会打手势给他。越到后来，他越没有错了。习题做完了，杨汉威再靠近去，然后杨汉威告诉我们，张教授说："下课了，你们可以回去了。"张教授露出了安详的微笑，他又暗示他有话要说，杨汉威凑了过去，这次，杨汉威忽然说不出话来了。过了几秒钟以后，他告诉我们，张教授说："再见。"

张教授就这样离开了我们。杨汉威没有将书合上，他翻回他开始念的那一页，那是第21页。他告诉我张教授在他初中时，仍叫他每周日去他的研究室，替他补习英文和数学，可是他家实在太穷了，经常三餐不继，他实在无心升学，当时他玩心又重，就索性不去了。小孩是不敢写信的，他知道张教授一直在找他，却一直没有回去，但他一直记得张教授的叮咛，就是不可以变坏，不可以去不良场合打工，不可以到夜市去卖盗版光碟。他也记得张教授一再强调他应该有一技随身，所以他就去做一位木匠师傅的学徒，现在手艺已经不错了。等到他生活安定下来以后，他又去念了补习学校，所以他对 verb to be 的过去式有点概念，但是不太熟。

杨汉威再看看第21页，想起他最后的一课就停在第21页。十几年来，张教授显然一直记挂着他，也想将这一课教完。

张教授的告别仪式简单而隆重，教堂里一张桌子上放了张教授的遗像，旁边放了那本英文课本，而且打开在第21页上，桌上的一盏台灯照着这一页。因为这是宗教仪式，只有神父简单的讲道，也没有人来长篇大论地说张教授有多伟大。但是神父请杨汉威上台来，杨汉威将最后一课的习题朗诵了一遍，他有备而来，当然都没有错。念完了习题，他说："张老师，我已会了，请您放心。"然后他走到桌子前面，合上了书，将台灯熄灭，这一堂课结束了。

学生时代，曾用过的作业本，或许我们早已遗失了，但我们的老师还牢记在心；在校园里唱过的歌，或许我们已经淡忘了，但我们的老师还记得；发生在校园里的点点滴滴，或许我们已经不再回想，但我们的老师却常常微笑着回味……老师就是这样一个人，他们永远守望着我们，永远牵挂着我们，为我们所取得的一点点成就而骄傲自豪。

什么是崇高、什么是奉献、什么是教师、什么是学生这些被人们渐渐遗忘的问题，强化着人们心中的善。感动于第21页的人必将把这种感动传递下去。

润物无声，无微不至，老师的爱像一阵细雨洒在我的心田。不仅是我，班里60位同学谁不是沐浴在这平凡、朴实又沉重的师爱之中！

上午，语文课上，王老师抱着9月份月考的卷子走上讲台，说："第二卷主观题满分70分，全班60分以上的同学只有12个。"我忐忑不安地等待着"生死未卜"的试卷。终于，卷子传过来了。经手的同学都用特别的目光看着我。我想，不至于考得这么差吧？完了，没脸见人了。这有没有地洞呀？拿过来一看66分，只减了4分！我不是在做梦吧？又仔细看了看，还是66分，太好了！看到这个成绩，心里的不安、紧张烟消云散。原来刚才同学们投来的是羡慕的目光。我松了一口气，心情像欢快的小鸟，飘飘然飞上了蓝天。

这时，王老师捻起一根粉笔，大刀阔斧地在黑板上写下了第一卷客观题的答案。我拿出一直带在身边的第一卷，满怀信心地开始对答案。一个，两个……五个？什么？20道选择题只对了五个！搞什么呀？不可能！再对一遍还是15分！小鸟重重地摔到地下。我好像从温室一步跌进了冰窖。倒霉的一卷，把二卷的胜利彻底毁灭了！

下课了，王老师走到我旁边，问："王佳佳，你的第二卷成绩非常高，可见你的能力很强。第一卷考基础知识，怎么成绩单上分数不高？没有涂错机读卡吧？"看着王老师那赞赏又疑惑的目光，我又怎能告诉王老师，一个"能力很强"的学生，基础知识薄弱呢？于是，我撒谎说："答得还行，可能是机读卡出了问题。"我躲闪着王老师的目光，不敢实话实说，也怕老师失望。

下午，王老师急匆匆跑来找我，说："王佳佳，我去微机室找过你的答题卡了。一个中午也没找着，卡太多，顺序又乱。"王老师脸上满是焦急和歉意。他多想重新给我一个公正的"高分"啊！他那疲惫的双眼，带着血丝。手指上沾染的铅笔的黑渍还没有洗去。原来王老师这么重视我。我是多么后悔上午编造那虚荣的谎言！我怯生生地说："卡没涂错，就是15分。老师，对不起，我……我怕您，生气。"**王老师不**

再说话，目光很复杂。这复杂很快就变成了单一：恨铁不成钢。

他说他不生气，只对我的成绩表示遗憾。王老师让我拿出第一卷，一道一道地给我讲解。他先给我讲了一道古文语法题，考的是宾语前置。他讲得绘声绘色，讲到关键的地方打着手势帮助我理解。宾语似乎是被王老师"拿"过去从而"前置"的。王老师说："做所有的古文语法题，都要先翻译句子，把译文作为参照物，用原文与译文比较，答案就会浮出水面。"

听了王老师的话，我深深地低下头，暗下决心要学好语文，学好我们民族的语言！

润物无声，无微不至，老师的爱像一阵细雨洒在我的心田。不仅是我，班里60位同学谁不是沐浴在这平凡、朴实又沉重的师爱之中！

今天的日历即将翻过，今天的故事却永远留在我心里。室友都睡了，我望着窗外，总想哭。溶溶的月光洒满校园，温柔地抚摸着校园里的一花一草。

仅仅是一次月考，却因为责任而变得举足轻重。仅仅是一次讲解，却因为感动而铭记在心。于是，老师的教诲就这样被"我"在心中揣摩了一生一世。

181

心灵悄悄话
XIN LING QIAO QIAO HUA

第六篇　仁爱的课堂

　　无微不至的关怀，让"我"无地自容，唯有在心中把这一切刻成一幅木版画，让清晰的线条，落满心间。

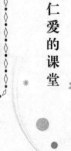

最后一课

读书，只是为了造就完美的人格。

在我还是一个学生的时候，我其实不喜欢念书。进了大学的门槛，远在家乡几千里以外的地方，没有升学的压力，简直如鱼得水一般。我参加各种社团、比赛、竞选、推销、家教、恋爱、看通宵录像、喝酒、吃饭、蹦迪，跟天堂神仙过着差不多的日子。

渐渐地混到大四，最后的一个学期竟然还安排了一门课。最后的一课是和工作无关的，那还有什么好学的呢？

所以我去上课的时候，已经是最后的一堂课了，也是我上大学的最后一学期里的第一次上课，第一次看见那个据说是很威严的老师，姓纪。

"嗯，我们很多人好像还是初次见面啊，先认识一下吧。我叫纪先城，负责你们这个学期的'信息管理系统'。希望大家能认真学习。"

大家都笑了，这是本学期的最后一堂课，不是为了这两个学分到手，谁会来上这个课？

大家拿出笔记本或白纸，按惯例，最后一节课是划重点，也就是露题，三年半就是这么过来的，我们很清楚这一点。

"你们好像在等待着什么？"

没有人说话。的确，我们是在等待，等待下周的考试题目。等待题后的两个学分，等待顺利的毕业。

"和你们讲会儿话吧！"老头停了一下，我23岁大学毕业的时候，记得当年我们上最后的一堂课，每个人都格外的认真，生怕露过一个字，错过一句话。我们很用心地做笔记，拼命地多学一点东西，因为大家都知道，毕业以后就再也没有这样的机会学习啦。下课铃声响了，我们还是舍不得走，恳求老师再讲一会，后来我们还是下课了，我又在教室里坐了好久才离开。

"你们不同，你们好多人好像连书都没有带来。最后的一节课，我连你们的名字都叫不出来，也许是我的记性太差，我只知道你们有 63 人选了我的课。

"我已经 60 岁了，你们是我的最后一届学生，教完你们，我就该退休啦。这并不是我不为难你们的理由，我也相信你们都是聪明的孩子，你们不会因为我的这两个学分毕不了业，但是我希望你们今天不是为了这两个学分而来到这个教室的。"

教室里安静极了，没有人说话，我们的脑袋低了下去。

"上完这节课，你们中的大多数人就再也没有机会坐在教室里了。你们将拥有崭新的生活，你们也将告别你们的学生生涯。你们慢慢就明白了，一心一意的学习是一件多么愉快的事情。

"35 年前的一天下午，我的老师曾经这样告诉我：'读书，只是为了造就完美的人格。'当你心甘情愿地沉入学习中去，你就会发现它的妙处。可惜今天的大学生大多体会不到。"他长长地叹了一口气。

突然，有人开始低声啜泣，慢慢的哭声变大了，越来越多的人参与其中。

"好了好了，最后一课了，我们一起上好它吧。"

接下来的 55 分钟里，纪老师向我们讲述了"管理信息系统"的历史、现状、发展、趋势、应用领域、核心理论……他的语言是深入浅出的，他的描述是生动活泼的，他的教授是全心全意的，而我，也是第一次主动的，心甘情愿地听课。

毫无疑问，我开始后悔，我已经不能计算我究竟错过了多少同样美妙的课程，浪费了多少同样幸福的时刻。而现在，竟已经是最后一堂课。

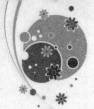

恩师——蜡炬成灰泪始干

毕业后，我一直在不断地学习，考了无数的资格证书，现在已经是一家外企的人事经理。由于我的优秀表现，公司还决定资助我继续深造。

老师还好吧？我不知道。甚至我的母校，我也好久没有去了。可是总也忘不了，有那么一位老师，在我毕业的时候，给我上了一生中最重要的一堂课。

最后的一课，上到了心灵深处。

十几年的寒窗苦，有多少孩子是浑浑噩噩般度过。直至最终，在即将错过这样的机会之时，才幡然悔悟。

也许，是失去了才知道珍惜，然而我们深信，如果没有老教授的肺腑之言，那些已经不珍惜惯了的心灵，仍然会错过所有精彩的课程，如同过眼云烟，曲终了，人依旧。

我们相信，很多人的青春，将在这最后的一课后重新启程，沿着教授的足迹，一路高唱。

心灵悄悄话
XIN LING QIAO QIAO HUA

作为学生，在并不短暂的求学路上，有过多少最后一课，经历了多少师生的别离。这期间，有多少人认真对待这点滴的知识，智慧的结晶。